세상이 깜짝 놀란 우리 역사 진기록

세상이 깜짝 놀란 우리 역사 진기록

초판 1쇄 펴냄 2010년 7월 15일
초판 9쇄 펴냄 2021년 9월 13일

글 최승필 그림 이창우
감수 이희근

펴낸이 고영은 박미숙
펴낸곳 뜨인돌출판(주) | 출판등록 1994.10.11.(제406-251002011000185호)
주소 10881 경기도 파주시 회동길 337-9
홈페이지 www.ddstone.com | 블로그 blog.naver.com/ddstone1994
페이스북 www.facebook.com/ddstone1994 | 인스타그램 @ddstone_books
대표전화 02-337-5252 | 팩스 031-947-5868

ⓒ 2010 최승필

ISBN 978-89-93963-18-2 73900

어린이제품안전특별법에 의한 제품표시
제조자명 뜨인돌출판(주) **제조국명** 대한민국 **사용연령** 만 8세 이상

세상이 깜짝 놀란

우리 역사 잔기록

글 최승필 그림 이창우 감수 이희근

뜨인돌어린이

신통방통 우리 역사 모두 모여라

역사는 지난날의 이야기입니다. 이 세상에 일어났던 모든 일을 말하지요. 학교에서도 역사를 배우고, 역사에 관한 책들도 굉장히 많습니다. 하지만 역사 공부를 지루하게 생각하는 친구들도 있고, 역사를 왜 배워야 하는지 잘 모르겠다는 친구들도 있을 거예요.

우리는 역사를 왜 알아야 할까요? 그건 바로 역사를 아는 것이 우리 주변의 모든 것을 이해하는 데 바탕이 되기 때문이에요. 세상의 모든 것들에는 역사가 있답니다.

지금 이 책을 예로 들어 볼까요? 여러분이 읽고 있는 글자, 한글은 600여 년 전에 세종대왕님이 만드셨어요. 만약 세종대왕님이 한글을 만들지 않으셨다면 아마 이 책은 한문으로 되어 있었을 거예요. 한자가 우리의 언어로 쓰였을 테니까요.

그리고 인쇄물이 발명되지 않았다면 책을 만들 때 일일이 손으로 베껴 써야 했을 거예요. 세계 최초의 인쇄물은 1300여 년 전 우리 조상이 만들었어요. 이후 인쇄술은 여러 과정을 거쳐 발달했고, 지금과 같이 책을 대량으로 만들 수 있게 되었지요.

    이렇듯 역사는 우리가 살아가는 세상의 모든 것들이 언제 어떻게 만들어졌는지 알려 준답니다.

    이렇게 중요한 역사를 어린이 여러분이 쉽고 재밌게 알아 갔으면 좋겠어요. 우리 역사에는 여러분이 알면 입이 떡 벌어질 만큼 놀라운 사건들이 가득하답니다. 서양보다 먼저 임진왜란 때 비행기를 만들었다는 사실, 조선시대에 나라를 살 수 있을 정도로 어마어마한 부자가 있었다는 것, 무려 119세까지 살았다는 고구려의 왕 등……. '세상에 이럴 수가!' 하고 깜짝 놀랄 만한 이야기들이 이 안에 가득하답니다.

    이 책을 신나게 읽고, 생각하고, 느낄 여러분을 생각하니 벌써부터 가슴이 두근두근 떨리네요. 자, 그럼 지금부터 우리 역사의 멋진 장면들을 찾아 여행을 떠나 볼까요?

최승필

차 례

임금들의 위풍당당 진기록

1. 가장 오랫동안 나라를 다스렸던 왕 · 10
2. 중국 땅에 나라를 세운 우리나라 사람 · 14
3. 하룻밤 새 농사꾼에서 왕이 된 사나이 · 18
4. 조선의 천재들과 함께 만든 성곽의 도시 · 22
5. 백성을 위해 글자를 만든 임금님 · 26
6. 덕으로 나라를 다스린 최초의 여왕 · 30
7. 113만 명의 군대를 물리친 왕 · 34
8. 같은 여인을 아내로 맞은 형제 왕 · 38

신하들의 파란만장 진기록

1. 71년 동안 꼬박꼬박 일기 쓴 사람 · 44
2. 제일 나이 많은 할아버지 신하 · 48
3. 조선 정치계를 주름잡았던 화려한 기록의 주인공 · 52
4. 귀양살이를 해야만 했던 죄 없는 신하 · 56
5. 조선의 군대를 책임졌던 가장 어린 병조판서 · 60
6. 세계 최초로 바다 전투에 등장한 대포 · 64
7. 궁궐에 한 번도 들어오지 않았던 신하 · 68

천재와 부자들의 재기 발랄 진기록

1. 장원급제만 아홉 번 한 공부의 신 · 74
2. 7개 국어를 할 줄 알았던 언어의 달인 · 78
3. 지구가 돈다고 주장한 최초의 우리나라 사람 · 82
4. 우리나라 최초의 베스트셀러 작가 · 86
5. 나라까지도 살 수 있었던 부자 · 90
6. 400년 동안 대대로 이어 온 부자 집안 · 94
7. 제주도민들을 먹여 살린 아름다운 여인 · 98

세계를 넘나든 한 발 한 발 진기록

1. 일본 국보 1호가 낯설지 않은 이유 · 104
2. 유럽 그림 속에 처음 등장한 우리나라 사람 · 108
3. 먼 나라에서 온 가야국의 왕비 · 112
4. 유럽에 간 최초의 우리나라 여인 · 116
5. 이슬람교를 믿었던 고려 사람 · 120
6. 인도 여행 다녀온 신라 승려의 여행기 · 124
7. 우리나라 보물 904호에 얽힌 사연 · 128
8. 처음으로 베트남에 간 조선의 선비 · 132

반짝반짝 우리 문화 진기록

1. 세상에서 가장 큰 비석 · 138
2. 수백 년 동안 수만 번 되풀이된 이야기 · 142
3. 울산의 바위에 새겨진 고래 그림이 특별한 이유 · 146
4. 아시아 최고의 석기 기술이 묻혀 있는 곳 · 150
5. 세계에서 가장 오래된 우리의 인쇄 유물 · 154
6. 보일러보다 따뜻한 친환경 온돌의 비밀 · 158
7. 거북선만큼 위력적인 최초의 로켓 무기 · 162
8. 서양보다 먼저 날았던 우리 비행기의 정체 · 166

임금들의 위풍당당 진기록

1

1 가장 오랫동안 나라를 다스렸던 왕

오래오래 살아서 고구려를 잘 다스려야 해요. 아드님-

"임금님 만세! 고구려 만세!"

고구려의 신하들과 백성들은 새로운 임금님을 맞이하게 되었어요. 그런데 새 임금님은 고작 일곱 살밖에 안 된 어린아이였어요. 나이 어린 임금님은 나랏일을 제대로 돌볼 수 없었어요. 그래서 임금님의 어머니인 부여태후가 나랏일을 맡아 보게 되었답니다.

부여태후는 신하들에게 말했어요.

"나는 가까이에 있는 작은 나라들을 모두 정복할 생각이오."

신하들은 깜짝 놀란 표정으로 부여태후를 쳐다보았어요. 고구려는 아직 다른 나라를 정복할 만큼 강한 나라가 아니었거든요. 백성들의 숫자도 적고 땅도 좁았어요.

"태후마마, 다른 나라를 공격했다가 오히려 땅을 빼앗길까 두렵습니다."

신하들이 반대했지만 부여태후는 눈썹 하나 까딱하지 않았어요.

"우리 고구려에는 농사를 지을 수 있는 땅이 별로 없소. 그러니 다른 나라와 겨뤄서 농사지을 땅을 마련해야 하오. 그게 고구려가 살길이오."

부여태후의 말에 신하들도 더는 반대할 수 없었어요.

부여태후는 곳곳에 튼튼한 성을 쌓고, 군사들을 더 강하게 훈련시켰어요. 그리고 주위의 여러 나라들을 거침없이 정복해 나갔지요.

차츰 고구려는 강하고 큰 나라가 되어 갔답니다.

어느덧 세월이 흘러 임금님이 자라자, 부여태후는 말했어요.

"임금님, 이제 직접 나랏일을 돌볼 때가 되었습니다."

부여태후는 임금님에게 모든 걸 맡기고 물러났어요.

임금님은 나라를 잘 다스렸어요. 다른 나라를 정복하면서 고구려의 땅도 원래의 것보다 몇 배나 더 넓어졌답니다.

세월이 흘러 임금님은 어느덧 백 살 노인이 되었어요.

"내가 너무 늙어 나랏일을 돌볼 수가 없구나. 내 동생에게 나랏일을 맡길 것이니 신하들은 잘 따르도록 하라."

임금님은 동생에게 나랏일을 맡기고 왕의 자리에서 물러났어요.

그로부터 8년 후 임금님은 119세의 나이로 세상을 떠났어요. 백성들

은 돌아가신 임금님을 태조왕이라고 불렀어요. '태조'는 원래 나라를 세운 임금님에게만 붙여 주는 호칭이에요. 고려를 세운 왕인 태조 왕건, 조선을 세운 왕인 태조 이성계처럼 말이에요.

"태조왕께서 고구려를 다시 세운 것이나 다름없어."

"당연하지. 태조왕 덕분에 고구려가 이렇게 큰 나라가 되었잖아."

백성들은 모두 태조왕을 우러러보았답니다.

태조왕은 우리 역사에 남을 만한 독특한 기록을 무려 다섯 가지나 갖고 있어요. 가장 어린 임금님, 어머니가 대신 나랏일을 돌보았던 첫 번째 임금님, 가장 오래 나라를 다스린 임금님, 가장 오래 산 임금님, 나라를 세우지 않고도 '태조'로 불린 임금님 등 말이지요.

무엇보다 태조왕은 백성들의 사랑을 받은 훌륭한 임금님이었답니다.

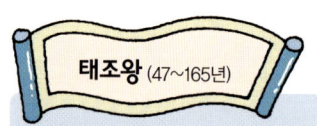
태조왕 (47~165년)

주몽의 증손자이기도 한 태조왕은 고구려의 여섯 번째 왕입니다. 태조왕은 무려 93년 동안 나라를 다스리며 작고 약했던 고구려를 강한 나라로 만들었어요. 태조왕은 영토를 넓히고 정치 체제를 바로잡는 데 힘써서 고구려가 큰 나라로 성장할 수 있게 한 훌륭한 왕이었답니다.

태조왕은 정말 119세까지 살았을까?

2 중국 땅에 나라를 세운 우리나라 사람

"아버지, 괜찮으세요?"

소년 이정기가 몸져누운 아버지의 머리맡에 앉아 말했어요. 아버지는 온몸에 상처투성이였어요. 일을 제대로 못한다고 당나라 벼슬아치에게 두들겨 맞았기 때문이지요.

"아버지, 왜 당나라 벼슬아치들은 우리 마을 사람들을 못살게 굴지요? 걸핏하면 벌을 주고 때리잖아요."

소년은 눈물을 훔치며 말했어요.

"우리 마을 사람들이 모두 고구려 사람이기 때문이란다."

아버지는 소년을 보며 말했어요.

"네? 고구려 사람이라고요?"

"그래. 너도 이제 알 때가 되었구나."

아버지는 이정기에게 고구려에 대해 말해 주었어요. 압록강 근처에 있었던 크고 강한 나라, 잦은 침입에도 결코 쓰러지지 않았던 굳센 나라가 바로 고구려였지요.

소년은 그동안 자기를 노예의 자식이라고만 생각했어요. 그런데 자기가 그렇게 대단한 나라의 후손이었다니, 놀라지 않을 수 없었어요.

"정기야, 너는 고구려의 후손이다. 그러니 절대로 당나라 사람들의 노예로 살지 말거라. 무술을 익혀 군인이 되렴. 당나라에서 고구려 사람이 사람답게 살 수 있는 방법은 그것뿐이다."

그날부터 이정기는 남몰래 무술을 연습했어요. 손바닥에 피가 나도록 칼을 휘두르고, 화살을 쏘았어요. 그렇게 피나는 노력 끝에 이정기는 당나라의 군인이 되었답니다.

이정기는 뛰어난 군인이었어요. 칼과 활을 잘 다루어 전쟁터에 나갈 때마다 큰 공을 세웠어요. 그 덕택에 이정기는 금세 장군이 되었고, 스물아홉 살이 되던 해에는 당나라의 한 지역을 다스리는 질도사가 되었답니다.

이정기가 다스린 지역은 차츰 당나라에서 가장 크고 강한 고을이 되었어요. 집집마다 먹을 것이 넘쳐나고, 당나라의 그 어느 고을보다 강한 군대를 갖게 되었지요. 차츰 백성들은 당나라의 황제보다 이정기를 더욱 믿고 따르게 되었답니다.

"당나라의 황제는 백성들을 돌볼 줄 모르는 어리석은 사람이다. 나는 당나라를 물리쳐 백성들이 행복하게 살 수 있는 새로운 나라를 세울 것이다."

이정기는 당나라 한복판에 새로운 나라를 세웠어요. 이 나라가 바로 '제나라'예요. 당나라 황제는 제나라를 물리치기 위해 수많은 군대를 보냈지만 모두 지고 말았어요. 오히려 제나라 군대의 공격을 받아 많은 땅을 잃었지요.

이정기는 당나라를 무너뜨리기 위해 전쟁 준비를 했어요. 하지만 뜻을 이루지 못하고 그만 병으로 죽고 말았답니다.

이정기는 중국 한복판에 나라를 세운 최초의 우리나라 사람이자, 당나라에 우리 민족의 위상을 보여 준 위대한 고구려인이었어요.

이정기 (732~781년)

이정기는 중국 제나라를 세운 왕입니다. 당나라에 끌려간 고구려 유민의 후손이었던 이정기는 자기의 처지를 슬퍼하지 않고 열심히 무예를 갈고 닦아 당나라의 장군이 되었고, 더 나아가 당나라의 한 지역을 다스리는 절도사가 되었습니다. 그리고 힘을 키워 제나라를 세웠지요. 이정기는 당나라의 수도 낙양으로 쳐들어가려고 준비하던 중 병에 걸려 죽고 말았어요. 그 후에도 제나라는 70여 년간 이어지며 당나라를 두려움에 떨게 했답니다.

고구려의 불꽃 이정기 장군을 만나다

기자 안녕하세요? 이정기 장군님. 고구려인의 자부심을 갖고 당나라에 맞서시다니 정말 대단하십니다.

이정기 장군 하하, 감사합니다. 이 영광을 나라를 잃고 눈물 흘렸던 모든 고구려 사람들에게 돌립니다.

기자 당시 고구려와 당나라의 상황은 어땠나요?

이정기 장군 고구려는 700년이란 긴 세월 동안 강하고 위대한 나라였습니다. 그런데 잠시 약해진 틈을 타 당나라가 쳐들어왔지요. 그리고 수많은 고구려 사람들을 당나라로 데려와, 다시는 고구려가 일어서지 못하게 하려고 했어요.

기자 그럼 이정기 장군님의 아버지도 그들 중 한 사람이었겠군요.

이정기 장군 네, 맞습니다. 그래서 저는 나라 잃은 고구려의 동포들이 당나라 사람들에게 갖은 모욕을 당하는 모습을 어려서부터 지켜보았어요. 그리고 반드시 옛 고구려의 영광을 되찾겠다고 다짐했지요.

기자 당나라에 살게 된 다른 고구려인들도 전부 고구려를 그리워했나요?

이정기 장군 많은 사람들이 고구려인의 정신으로 당나라 군사와 싸웠고, 옛 고구려 땅을 찾아 떠나기도 했어요. 하지만 어쩔 수 없이 당나라에 정착해 살아간 사람들도 있답니다.

기자 아, 그랬군요. 그럼 고구려는 그때 망했나요?

이정기 장군 그럴리가요. 700년 위대한 역사의 고구려가 그리 쉽게 무너질 순 없지요. 670년에 보장왕의 외손자 안승과 검모잠이 일어났고, 대조영의 아버지 걸걸중상과 대조영이 동모산에서 고구려의 국통을 이어 대진국을 세웠답니다. 그리고 당나라 군사를 몰아내고 잃어버린 옛 영토를 회복하는 다물 운동을 했지요. 결국 당나라는 고구려를 멸망시키고서도 고구려의 영토를 제대로 지배해 보지도 못한 채 쫓겨 가야 했답니다.

기자 나라를 지키기 위한 영웅들의 활약이 대단했군요. 이 멋진 영웅들의 후손인 게 정말 자랑스럽네요.

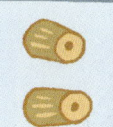

3 하룻밤 새 농사꾼에서 왕이 된 사나이

더벅머리 총각이 지게를 메고 비탈진 산길을 내려올 때였어요.
"원범아."
웬 소녀가 더벅머리 총각을 불렀어요. 더벅머리 총각 원범이는 소녀를 보고 좋아서 어쩔 줄을 몰랐어요. 원범이가 짝사랑하는 양순이라는 소녀였거든요.
"여기까지 어쩐 일이니?"
"너한테 줄 게 있어서 왔지."
양순이는 치맛자락에서 산딸기 한 움큼을 꺼내 원범이 입에 넣어 주었어요. 원범이는 기분이 좋아 날아갈 것만 같았어요.

"아주 달고 맛있어. 고마워."

"참, 너희 집에 누가 찾아왔더라. 얼른 내려가 봐. 어른들도 널 찾으셔."

양순이가 원범이의 바지춤에 남은 산딸기를 넣어 주며 말했어요. 원범이는 양순이랑 좀 더 있고 싶었어요. 하지만 어른들을 기다리게 할 수는 없었지요.

원범이네 집 앞에는 붉고 푸른 관복을 입은 사람들이 서 있었어요. 한눈에 봐도 높은 벼슬아치들이었지요.

'높으신 분들이 어째서 나를 찾아왔을까?'

원범이를 본 벼슬아치들이 갑자기 큰절을 했어요. 원범이는 깜짝 놀랐어요. 벼슬아치들이 농사꾼인 자기한테 큰절을 하니 어찌 놀라지 않겠어요.

"원범 도련님, 도련님은 우리나라의 새 임금님이 되실 분입니다. 얼른 궁궐로 가시지요."

원범이는 깜짝 놀라 할 말을 잃고 말았어요. 갑자기 임금님이라니, 이게 무슨 소리일까요?

아버지가 원범이에게 말했어요.

"원범아, 우리가 왕족인 것은 너도 잘 알 게다. 억울한 죄를 뒤집어써서 궁궐에서 쫓겨났지만 말이야. 그런데 네가 새 임금님이 되다니 하늘이 우리를 도왔구나. 얼른 궁궐로 가자."

가족들은 모두 뛸 듯이 기뻐했어요. 하지만 원범이의 마음은 무겁기만 했어요. 다시는 양순이를 못 볼까 봐 걱정도 됐어요.

한양으로 간 원범이는 새로운 임금님이 되었어요. 그가 바로 조선의 스물다섯 번째 임금님인 철종이랍니다.

철종은 항상 옛날을 그리워했어요. 고향에서 먹던 총각김치 맛도 그립고, 사이좋던 이웃들도 보고 싶었어요.

그리고 무엇보다 양순이가 보고 싶어 견딜 수가 없었어요.

하지만 철종은 양순이를 보러 갈 수 없었어요. 임금님은 궁궐 안에만 있어야 했거든요. 철종은 양순이를 색시로 맞을 수도 없었어요. 임금님은 양반 집안의 딸만 색시로 맞을 수 있었기 때문이에요.

양순이도 철종이 그리웠던 걸까요? 몇 년 후, 양순이는 그만 병이 나서 죽고 말았답니다. 철종은 강화도 쪽 하늘을 바라보며 슬프게 울었어요.

"흑흑, 임금이 다 무슨 소용이야. 임금만 되지 않았어도 양순이랑 행복하게 살았을 거야. 그랬다면 양순이도 죽지 않았을 거야."

철종은 임금으로서의 권세와 지위가 하나도 기쁘지 않았어요. 결국 평생을 슬픔에 빠져 살다가 서른세 살의 젊은 나이로 세상을 떠나고 말았답니다.

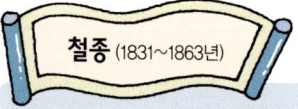
철종 (1831~1863년)

철종은 조선의 스물다섯 번째 왕입니다. 철종은 열네 살 어린 나이에 궁궐에서 쫓겨나 강화도에서 농사를 지으며 살았어요. 그러던 중 24대 왕인 헌종이 아들 없이 죽자 신하들은 철종을 그다음 왕으로 세웠어요. 하지만 평범한 농사꾼으로 살아왔던 철종은 왕위에 적응하지 못했어요. 철종은 특정 가문의 세도정치에 휩쓸려 나라를 바로잡지 못한 채 세상을 떠났습니다.

세도정치 너무한 거 아냐?

어제 주막에 갔다가 이상한 소리를 들었다.

사람들이 말하길, 새 임금님이 강화도를 못 잊어서 병이 나셨다는 거다.

"아니, 임금님이 왜 강화도엘 못 가서 병이 난대? 신하들 이끌고 한번 다녀오시면 될걸." 하자 한 선비 왈,

"모르는 소리 말게. 말이 임금이지 마음대로 할 수 있는 게 하나라도 있는 줄 아나? 안동 김씨들이 안 된다고 하면 안 되는 걸세. 임금님은 거의 그들의 허수아비가 되었네. 쯧쯧, 나라가 어찌되려고 하는지."

세상에! 안동 김씨의 세상이라더니 정말 그런 모양이다.

임금이 병이 나건 말건 순 자기들 마음대로네. 에고, 불쌍한 임금님.

"안동 김씨 마음에 안 들면 벼슬에 오를 수도 없고, 심지어 쥐도 새도 모르게 죽을 수도 있다네."

주막에 모인 사람들 모두가 한숨을 쉬며 말했다.

가만, 내가 올린 이 글도 누군가 보고 안동 김씨한테 이르는 거 아냐?

 **남산골 힘센들이** 그런데 세도정치가 뭐예요?

└ **종로 김씨** 임금님의 친척이나 신하가 나라를 마음대로 다스리는 거예요. 안동 김씨는 임금님의 외가 집안인데 자기들이 왕인 줄 알아요.

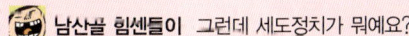 **언제나 최고봉** 공감 100%! 여기 진주도 지금 난리. 안동 김씨한테 벼슬을 산 관리가 세금을 얼마나 많이 뜯어 가는지 죽을 지경이에요. 집 안에 숟가락 하나도 안 남을 정도라니까요.

└ **짚신 열 켤레** 헐, 여기 함경도가 진주보다 더 심할걸. 숟가락은커녕 쫄쫄 굶는 백성들이 넘쳐 남.

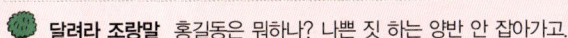 **달려라 조랑말** 홍길동은 뭐하나? 나쁜 짓 하는 양반 안 잡아가고.

4 조선의 천재들과 함께 만든 성곽의 도시

정조는 왕이 된 후로 하루도 마음 편할 날이 없었어요. 억울하게 돌아가신 아버지 사도세자 때문이었어요.

'왕위에 오른 지도 어느덧 20년이 다 되었구나. 그런데 아직도 아버지의 억울함을 풀어 드리지 못하다니······.'

정조는 깊은 한숨을 쉬며 생각했어요.

정조가 어린아이였을 때 사도세자는 억울한 죄를 뒤집어쓰고 죽임을 당했어요. 이미 돌아가신 아버지를 되살릴 수는 없었지만 정조는 아버지의 영혼이라도 위로해 드리고 싶었어요.

'그래, 아버지의 무덤을 옮겨 드리자.'

사도세자의 무덤은 햇볕도 잘 들지 않는 외딴곳에 있었어요. 무덤도 형편없이 초라했지요. 정조는 아버지의 무덤을 다른 임금님들의 무덤처럼 크고 화려하게 만들기로 결심했어요.

"임금님, 수원의 화산이라는 곳에 아주 좋은 묏자리(사람의 무덤을 쓸 자리)가 있습니다."

무덤 자리를 알아보러 갔던 신하가 말했어요.

"그래? 지금 당장 화산으로 가서 직접 봐야겠구나."

정조는 신하들을 이끌고 화산으로 갔어요.

신하의 말대로 화산은 아주 좋은 땅이었어요. 햇볕이 잘 들고 경치도 아주 좋았지요.

"정말 좋은 땅을 찾았구나. 아버님의 묏자리는 물론이고 성을 쌓기에도 더없이 좋은 곳이야."

정조는 오래전부터 성을 쌓을 수 있는 남쪽 땅을 찾고 있었어요. 북쪽에는 튼튼한 성이 있었지만 남쪽에는 없었거든요. 임진왜란 때 왜군이 한양까지 쉽게 쳐들어온 것도 남쪽에는 견고한 성이 없었기 때문이에요.

정조는 신하들과 성을 어떻게 만들지 구상했어요. 수많은 사람들이 뿌리를 내리고 살 수 있도록 땅을 갈아서 논을 만들었어요. 또 장사를 하기 편하도록 길을 닦고 큰 장터도 만들었지요.

"오랜 시간이 지나도 끄떡없는 튼튼하고 아름다운 성을 쌓아야 한다. 신하들은 각자의 재주를 마음껏 뽐내도록 하라."

정조는 조선에서 가장 뛰어난 신하들에게 성 쌓는 일을 맡겼어요. 조선 최고의 과학자 정약용은 무거운 돌을 쉽게 들어 올릴 수 있는 거중기를 이용해 튼튼한 성을 쌓았어요. 조선 최고의 화가 김홍도는 성 안으로 통하는 네 개의 대문을 아름답게 만드는 일을 했지요.

2년 후, 드디어 성이 완성되었어요.

아무것도 없던 벌판에 조선에서 가장 크고 아름다운 성이 생긴 거예요. 새로운 성은 금세 사람들로 북적이게 되었어요. 이렇게 생겨난 도시가 바로 수원이랍니다.

수원은 효의 도시라고도 불려요. 아버지 사도세자를 향한 정조의 효심이 깃들어 있는 도시이기 때문이지요. 지금도 수원에서는 정조의 효를 기리는 각종 문화 축제가 다양하게 열린답니다.

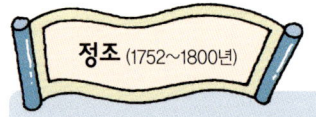
정조 (1752~1800년)

조선의 스물두 번째 왕인 정조는 조선을 작지만 강한 나라로 키워 냈습니다. 정조는 실생활에 유용한 학문인 실학을 발전시켰고, 군사를 강하게 키웠으며, 신분과 상관없이 뛰어난 인재들에게 벼슬자리를 주었답니다. 또한 왕실 도서관인 규장각을 만들어 학문 발달에도 힘을 기울였지요. 정조는 조선의 과학과 문화를 발전시킨 위대한 왕이었답니다.

깜짝 일기 ○월 ○일 ○요일

수원 화성 나들이 — 정조의 일기

오늘 수원 화성 공사장을 둘러보고 왔다. 만족스럽기 그지없다.

정약용은 거중기와 녹로(도르래) 같은 과학적인 기계를 이용해 안전하고도 튼튼하게 성을 쌓고 있었고, 김홍도가 맡은 성문의 문양 또한 매우 아름다웠다.

아, 그동안 이 화성을 짓기 위해 얼마나 많은 노력을 했던가. 화성은 내가 여러모로 고민하고 또 연구해서 만드는 중대한 성곽이다.

백성들이 풍족하게 살 수 있도록 성곽 안쪽으로 논과 밭을 만들고, 주변에 장사치들이 수월하게 오갈 수 있도록 길을 반듯이 닦았다. 군사들이 훈련을 하고 먹고 잘 수 있는 시설을 만들고, 어떤 외부의 침략에도 무너지지 않게 성벽을 튼튼히 쌓았다.

수원 화성

머지않아 화성이 완성된다고 생각하니 벌써부터 가슴이 벅차오른다.

화성은 한양의 남쪽을 지켜 줄 든든한 성곽이 될 것이요, 우리 조선을 넉넉하게 만들어 줄 경제 활동의 중심 도시가 될 것이다. 또한 수많은 농사꾼들이 기름진 논밭을 일구며 행복하게 살게 될 것이다. 완성된 화성의 모습이 눈앞에 선하다.

훗날 내가 한 일 중에 가장 잘한 일을 꼽으라면 단연 이 화성을 쌓은 일이 될 것이다. 화성을 내려다볼 수 있는 곳에 아버님 사도세자의 묘가 있다. 아버님께서 화성을 굽어보실 생각을 하니 감격스럽기 그지없구나.

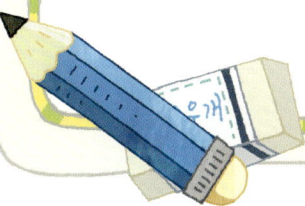

5 백성을 위해 글자를 만든 임금님

"저희끼리 나랏일을 알아서 하라고요?"

황희정승이 깜짝 놀란 표정으로 물었어요. 세종대왕은 싱글벙글 웃으며 대답했어요.

"그렇소. 나는 그동안 밤낮없이 일만 했소. 좀 쉬어야겠소. 앞으로는 그대들이 알아서 하시오. 내게는 무엇을 했는지 알려 주기만 하면 되오."

신하들은 고개를 갸우뚱했어요. 세종대왕은 누구도 못 말릴 일벌레였거든요. 일을 하느라 밤을 꼬박 새는 날이 많아서 신하들이 제발 잠 좀 자라고 잔소리를 할 정도였지요. 그런 세종대왕이 갑자기 일을 안 하겠다고 하니 참으로 이상한 일이었어요.

"자, 그럼 나는 책이나 읽으러 가겠소. 하하."

세종대왕은 집현전으로 갔어요. 세종대왕은 책을 읽고 있는 신하 신숙주에게 슬그머니 다가가 말했어요.

　　"지난번에 내가 말한 책들은 구했는가?"

　　"예, 따로 모아 놓았습니다. 그런데 임금님께서는 왜 갑자기 말과 글자에 대한 책을 찾으시는 겁니까?"

　　"나는 예전부터 말과 글에 대해 관심이 많았네. 말과 글은 알면 알수록 놀랍고 재미있거든. 그러니 앞으로도 부지런히 책을 모아 주게."

　　세종대왕은 껄껄 웃으며 집현전을 나섰어요.

　　세종대왕은 방에 틀어박혀 말과 글자에 대한 책만 읽었어요. 새벽부터 밤늦게까지 잠시도 책에서 눈을 떼지 않았지요. 신숙주는 세종대왕이 읽을 책을 구하느라 잠시도 쉴 틈이 없었어요. 신숙주는 책만 구한 것이 아니었어요. 다른 나라의 말과 글자를 배우기 위해 부지런히 돌아다녀야만 했어요.

　　"임금님, 이러다간 제가 다른 나라 말을 모조리 다 익히겠습니다."

　　"하하, 우리 조선에 다른 나라 말을 모조리 할 줄 아는 학자가 있는 것도 나쁘지 않지."

　　세종대왕은 몇 년 동안 말과 글자에 대해 공부하고 연구했어요. 어찌나 열심히 책을 들여다보았는지 한쪽 눈이 짓무를 정도였답니다.

　　"임금님, 좀 쉬십시오. 그러다 쓰러지십니다."

　　가족들과 신하들이 말려도 소용없었어요.

　　"걱정 마시오. 내가 좋아하는 공부를 해서 그런지

조금도 피곤하지 않다오."

그러던 어느 날, 세종대왕은 드디어 책을 덮고 방을 나왔어요. 그리고 활짝 웃으며 외쳤지요.

"드디어 되었구나. 우리 글자를 만들었어."

세종대왕은 그동안 우리 민족의 글자를 만들고 있었던 거예요. 다른 나라의 말과 글을 연구한 것도 그 때문이었지요.

세종대왕은 대부분의 백성들이 글을 모른다는 사실을 안타까워했어요. 글을 모르는 백성들은 새로운 농사 방법을 적은 책이 나와도 읽지 못했고, 나라에서 새로운 법을 만들어도 그 내용을 몰랐지요. 중국에서 전해 온 한자가 너무 어려운 탓이었어요.

그런데 세종대왕이 만든 글자는 정말 쉬웠어요. 스물여덟 개의 자음과 모음만 외우면 누구나 읽고 쓸 수 있었어요. 우리의 한글은 이렇게 세종대왕의 노력으로 태어나게 되었답니다.

세종 (1397~1450년)

조선의 네 번째 왕인 세종대왕은 한글을 만들었을 뿐 아니라 왕위에 있던 32년 동안 수많은 일들을 해냈습니다. 궁궐 안에서 직접 농사를 지으며 농사 기술을 연구하고, 학자들과 함께 과학 기술의 발전을 이끌었습니다. 뿐만 아니라 강한 군대를 키워 조선을 자주 침략하던 북쪽 오랑캐들과 왜구들도 물리쳤지요. 세종대왕은 우리나라 역사상 가장 위대한 왕 중 한 분이랍니다.

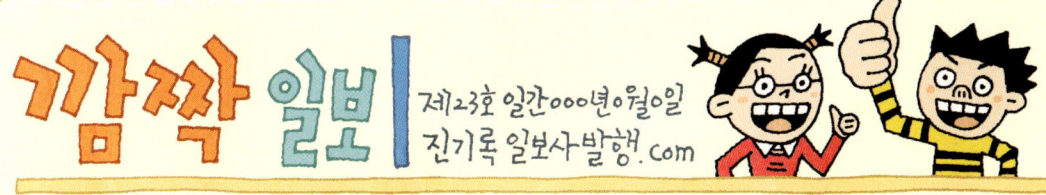

우리 한글 다른 나라에 수출되다

"이것은 무엇입니까?" "이것은 의자입니다."

인도네시아 남동부 술라웨이주 중심 도시인 바우바우시의 한 학교 수업 시간 풍경이다. 찌아찌아족 초등학교 1학년 학생들이 선생님과 함께 한글을 배운다.

찌아찌아족은 인도네시아의 소수 민족으로 수도 자카르타에서 비행기로 다섯 시간을 간 뒤 또 배를 타고 다섯 시간 동안 바다를 건너야 갈 수 있는 부퉁 섬에 살고 있다.

찌아찌아족은 한글을 쓴다. 찌아찌아족에겐 고유의 말이 있지만 글은 없었다. 그래서 말은 할 수 있어도 글로는 남길 수 없었다. 그러던 중 한글을 글로 가지게 되면서 풍부한 문화유산을 오래 보존할 수 있게 됐다.

찌아찌아족은 자신들의 고유 민족어를 국어인 인도네시아어로는 완벽하게 표기할 수 없다는 사실 때문에 애를 태워 왔다. 그러던 중 로마자나 아라비아문자로는 쓸 수 없는 음도 한글로는 표기할 수 있다는 걸 알게 됐고, 결국 한글을 공식적으로 받아들였다.

찌아찌아족은 배운 지 한두 달 만에 한글로 찌아찌아어를 표기할 수 있을 정도로 능숙해졌다. 현재는 찌아찌아족의 노인들뿐 아니라 젊은이들도 민족어를 한글로 쉽게 표기할 수 있다는 데 만족하고 있다.

인도네시아 중앙정부는 찌아찌아족이 한글을 선택한 것에 대해 불쾌감을 갖고 다시 검토하길 요구하고 있지만, 찌아찌아족은 이에 응하지 않고 있다.

6 덕으로 나라를 다스린 최초의 여왕

신라 진평왕에게는 큰 걱정거리가 하나 있었어요. 바로 임금 자리를 물려줄 아들이 없다는 거였어요.

"누구에게 임금 자리를 물려준단 말이냐? 에고, 답답하구나."

진평왕의 답답한 마음을 눈치챈 신하가 어느 날 진평왕을 찾아와 말했어요.

"임금님, 덕만 공주님께 왕위를 물려주십시오."

덕만 공주는 진평왕의 딸이었어요. 진평왕은 고개를 저으며 말했어요.

"똑똑하긴 하지만 덕만은 여인이오. 여인이 어찌 한 나라의 왕이 된단 말이오?"

그러자 신하가 말했어요.

"임금님, 왜국(일본)의 임금이었던 스이코를 기억하십니까? 스이코는 여인의 몸으로도 나라를 아주 잘 다스렸습니다. 덕만 공주님

내가 최초의 여왕이니라.

이라고 못할 것이 없습니다."

스이코 여왕이라면 진평왕도 잘 알고 있었어요.

"하지만 우리 신라는 바다 건너 왜국처럼 평화롭지 못하오. 고구려, 백제와 늘 다투고 있잖소. 이렇게 전쟁이 잦은데 가녀린 여자의 몸으로 신라를 잘 지켜 낼 수 있을지 걱정이오."

진평왕이 걱정스레 말하자 신하가 대답했어요.

"하지만 임금님, 우리나라는 전통적으로 성골만이 왕이 될 수 있습니다. 그런데 성골은 공주님들뿐입니다. 공주님을 왕으로 뽑지 않으면 진골들 중에서 뽑아야 합니다. 그렇게 된다면 수많은 진골들이 서로 왕이 되려고 싸울 것입니다."

신라에는 부모가 누구냐에 따라 계급이 정해지는 골품제도라는 것이 있었어요. 그중에서 가장 높은 계급인 성골은 어머니와 아버지가 모두 왕족인 사람이었어요. 신라에서는 이 성골 계급만이 임금의 자리에 오를 수 있었어요.

부모 중 한쪽만이 왕족인 진골은 임금의 자리에는 오르지 못하고 높은 벼슬까지만 오를 수 있었지요.

진평왕은 고개를 끄덕였어요.

"그대의 말이 옳소. 성골인 공주가 임금이 되어야 하오. 덕만 공주는 어질고 현명하니 충분히 신라를 잘 이끌 수 있을 것이오."

진평왕은 덕만 공주를 다음 임금이 될 사람으로 정했어요. 바로 우리나라 최초의 여왕이자 신라의 스물일곱 번째 왕인 선덕여왕이지요.

　선덕여왕은 왕의 자리에 오른 후에도 많은 어려움을 겪었어요. 백제의 공격을 받아 40여 개나 되는 성을 빼앗기는가 하면 '여자라서 나라를 잘 다스리지 못한다'며 몰아내려는 무리들까지 있었지요.

　하지만 백성들은 선덕여왕을 아끼고 사랑했답니다. 선덕여왕은 백성들을 보살피는 일에 항상 열심이었거든요. 거듭된 전쟁으로 지친 백성들을 위해 쌀을 나눠 주기도 하고, 부모를 잃은 아이들을 거둬 보살펴 주기도 했지요.

　우리나라 최초의 여왕인 선덕여왕은 이렇듯 백성들을 잘 보살폈던 어진 왕이었답니다.

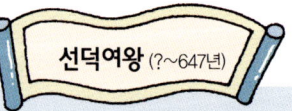

선덕여왕 (?~647년)

우리나라 최초의 여왕인 선덕여왕은 신라의 스물일곱 번째 왕입니다. 선덕여왕은 진심으로 백성들을 위했고 가난한 사람을 돕는 일에 힘썼습니다. 당나라 문화를 수입해 불교 문화의 발전을 이루었으며, 우리나라 최초의 천문대인 첨성대와 황룡사구층목탑을 세우기도 했지요. 백제의 침략으로 수십 개의 성을 빼앗기고 두 번의 큰 반란을 겪었지만, 신라가 삼국 통일을 이룩하는 기틀을 다진 당찬 왕으로 평가받고 있답니다.

7　113만 명의 군대를 물리친 왕

수나라 황제가 신하에게 물었어요.
"고구려왕이 뭐라더냐? 우리에게 고개를 숙이겠다고 하더냐?"
"고개를 숙이기는커녕 갓 태어난 햇병아리 같은 수나라가 700년 동안 이어져 온 고구려에게 감히 큰소리를 친다며 콧방귀를 뀌었습니다."
"뭐가 어쩌고 어째? 이런 건방진 놈을 봤나!"
황제는 분을 이기지 못하고 버럭 소리를 질렀어요.
중국을 통일한 수나라는 세상에서 가장 큰 나라였어요. 주위에 있는 모든 나라들이 수나라를 두려워했지요. 그런데 오직 고구려만 수나라에게 고개를 숙이지 않았어요. 수나라 황제는 고구려의 이러한 태도에 자존심이 상했어요.

"당장 전쟁 준비를 하라! 반드시 고구려를 쳐 없앨 것이다!"

수나라 황제가 씩씩대자 신하들이 말했어요.

"황제 폐하, 지금껏 고구려와 싸워 이긴 나라가 없습니다. 그냥 내버려 두시는 게 좋을 듯합니다."

"시끄럽다. 고구려가 아무리 강하다 한들 작은 나라다. 큰 군대로 한 번에 쓸어 없애 버릴 것이다."

수나라는 고구려를 치기 위해 7년을 준비했어요.

드디어 결전의 날, 수나라 군대는 길을 가득 메우며 고구려로 출발했어요. 병사가 어찌나 많은지 걸을 때마다 땅이 쿵쿵 울렸어요. 병사의 수는 무려 113만 3,800명. 역사상 가장 큰 군대였어요.

이 소식은 고구려 왕궁에도 전해졌어요.

"수나라 군대가 끝이 보이지 않을 정도로 엄청나다고 합니다."

고구려의 영양왕은 콧방귀를 뀌며 말했어요.

"수나라 황제 놈이 아직도 정신을 못 차렸구나. 우리가 먼저 본때를 보여 주어야겠다. 임유관을 싹 쓸어 버릴 것이니 공격 준비를 하라."

임유관은 고구려와 가장 가까운 곳에 있는 수나라의 도시였어요. 영양왕은 직접 군대를 이끌고 가서 임유관을 쑥대밭으로 만들어 버렸어요.

수나라의 군대가 도착했을 때 임유관에는 남은 것이 아무것도 없었지요. 말을 탄 병사 한 사람이 황제에게 달려와 말했어요.

"폐하, 큰일 났습니다. 숨어 있던 고구려 군대가 먹을 것을 빼앗아 달아나 버렸습니다."

"이럴 수가! 당장 고구려의 성으로 돌격하라!"

113만 명의 대군은 쫄쫄 굶은 채로 고구려의 요동성으로 갔어요.

"쳇, 저까짓 작은 성으로 우리 군대를 막겠다고? 공격하라. 싹 쓸어버려라."

수나라 군대는 요동성을 에워싼 채 밤낮없이 공격했어요. 하지만 요동성은 꿈쩍도 하지 않았어요. 오히려 수나라 군사들만 수없이 죽어 갔지요. 수나라 황제는 화가 나서 견딜 수가 없었어요.

"한심하기 짝이 없구나. 113만 대군이 저 작은 성 하나를 무너뜨리지 못하다니!"

수나라 황제는 우중문 장군에게 고구려의 수도인 평양성을 공격하게 했어요. 하지만 그마저도 을지문덕 장군에게 패해 겨우 2,700명만이 간신히 살아 돌아왔어요.

결국 수나라 황제는 고구려의 성 하나 빼앗지 못하고 돌아갔답니다. 그리고 5년 후, 수나라는 멸망했어요. 고구려를 공격하느라 너무 많은 힘을 써 버린 탓이었지요.

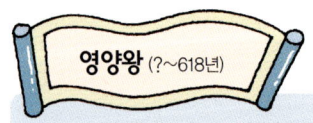
영양왕 (?~618년)

고구려의 스물여섯 번째 왕으로 중국 수나라의 공격으로부터 고구려를 구해 냈습니다. 수나라는 1차 30만 대군, 2차 113만 대군을 이끌고 네 차례에 걸쳐 고구려를 공격했지만, 모두 실패했어요. 영양왕은 전쟁만 잘하는 왕은 아니었어요. 영양왕은 고구려의 역사책인 『유기』 100권을 다시 정리하게 하고, 『유기』를 간략하게 줄인 『신집』 5권을 만들었어요. 또한 담징 스님을 일본에 보내 종이와 먹 등의 기술을 전해 주었답니다.

살수대첩을 아시나요?

수나라는 고구려를 공격하기 위해 7년 동안이나 전쟁을 준비했어요. 수나라 황제가 고구려와의 전쟁에 온 힘을 기울였던 것은 그만큼 고구려가 강한 나라였기 때문이에요.

수나라는 네 번이나 고구려를 침략했지만 모두 실패하고 말았어요. 네 차례의 전쟁 중 두 번째 전쟁은 612년에 일어났는데, 이때 그 유명한 살수대첩이 벌어진답니다.

고구려의 을지문덕 장군은 거짓으로 항복해서 수나라 군대 속에 들어갔어요. 이들의 내부 사정을 몰래 엿보고 돌아온 을지문덕은 우중문이 이끄는 수나라 군사들과 맞서 싸웠어요. 이때 을지문덕은 거짓으로 져 주는 후퇴 작전을 펼쳤어요.

우중문은 을지문덕에게 속은 줄도 모르고 살수(지금의 청천강)를 건너 평양성 북쪽 30여 리 지점에까지 밀려왔어요.

을지문덕은 적장 우중문에게 희롱하는 시를 써서 보냈어요. 그때야 수나라군은 비로소 꼬임에 빠진 것을 알아차렸어요. 수나라군이 후퇴하자 을지문덕이 지휘하는 고구려군은 이를 추격하기 시작했지요.

수나라군이 살수에 다다랐을 때에는 물이 얕았어요. 을지문덕이 둑을 쌓아 물의 흐름을 막았기 때문이죠. 수나라군은 이를 모르고 강을 건너다가, 반쯤 건넜을 때 고구려군이 둑을 무너뜨려 물에 휩쓸렸어요. 그리고 뒤이어 공격해 온 고구려 기병에 당해 도망가야 했죠.

을지문덕

고구려퐈이아 이때 을지문덕 장군님이 우중문에게 편지를 썼다죠?
　└ **하얀개** 아마 그게 '여수장우중문시'죠.
　흐르는별 적의 마음을 혼란스럽게 하기 위해서 우중문을 희롱하여 지어 보냈다는 그 시?
　해피고럭키 내용이 뭐예요?
　└ **수옹이** 쉽게 말하면 '우중문 당신 똑똑하고 잘났으니 이제 그만하면 좋겠다'라는 뜻이에요.

8 같은 여인을 아내로 맞은 형제 왕

"임금님, 왕후님이 오셨습니다."

고국천왕은 며칠째 몸져누워 있었어요. 오래전부터 앓아 온 병이 심해진 탓이었지요.

"잠을 자려고 누웠으니 다음에 오라고 일러라. 콜록콜록."

고국천왕이 차갑게 말했어요. 우씨왕후는 간절한 목소리로 말했어요.

"임금님의 건강이 걱정스럽습니다. 한 번만이라도 좋으니 얼굴을 뵙고 싶습니다."

"어허, 막 잠들려던 참이었다니까. 얼른 돌아가시오."

우씨왕후는 하는 수 없이 발걸음을 돌려야 했어요. 우씨왕후는 밤하늘에 뜬 초승달을 올려다보며 슬피 울었어요.

고국천왕이 우씨왕후를 멀리하게 된 건 10년 전에 일어난 반란 사건 때문이었어요. 우씨왕후의 친척 몇 명이 고국천왕을 죽이려 했던 거예

요. 그 후로 고국천왕은 우씨왕후를 거들떠보지도 않았답니다.

'임금님이 돌아가시면 나는 왕궁에서 쫓겨나고 말 거야. 내 친척들은 왕을 죽이려고 했고, 나는 자식도 낳지 못했잖아. 내가 쫓겨나면 우리 집안도 망하고 말겠지. 아, 좋은 방법이 없을까?'

우씨왕후는 고민하던 중 좋은 생각이 떠올랐어요.

'임금님께서는 자식이 없으니 동생들 중 한 명이 왕이 되겠지. 내가 그들 중 한 명을 골라 왕이 되도록 도와준다면 쫓겨나지 않을 거야.'

며칠 후 어느 늦은 밤, 시름시름 앓던 고국천왕은 죽고 말았어요.

"왕이 돌아가셨다고 누구에게도 말을 해선 안 된다. 알겠느냐?"

우씨왕후는 고국천왕의 둘째 동생인 발기 왕자를 찾아가 말했어요.

"왕자님, 임금님께서 몹시 편찮으십니다. 임금님께서 돌아가시면 왕자님이 임금님의 자리에 오를 수 있도록 제가 도와 드리겠습니다. 대신 저를 왕궁에서 쫓아내지 말아 주세요."

하지만 발기 왕자는 10년 전 사건 때문에 예전부터 우씨왕후를 탐탁지 않게 여겨 왔어요.

"왕후마마, 폐하께서 살아 계신데 어찌 그런 말씀을 하십니까? 얼른 돌아가세요."

발기 왕자는 우씨왕후의 도움 따윈 필요 없다고 생각했어요. 형인 고국천왕이 죽으면 바로 아래 동생인 자기가 왕이 되는 게 당연하다고 생각했던 거지요.

'흥! 두고 보자. 후회하게 될 테니까.'

우씨왕후는 그 길로 셋째 왕자를 찾아갔어요. 셋째 연우 왕자는 둘째 발기 왕자와 달리 우씨왕후를 반가이 맞아 주었어요. 연우 왕자는 임금님이 되도록 도와주겠다는 우씨왕후의 말에 뛸 듯이 기뻐했지요.

"그렇게만 해 준다면 나는 왕후를 내 아내로 맞아들이겠소."

다음 날 아침, 우씨왕후는 신하들을 모아놓고 말했어요.

"고국천왕께서 돌아가시기 전에 말씀하시길 셋째 왕자님을 다음 임금으로 삼으라 하셨습니다."

고국천왕의 죽음을 지켜본 사람이 없었기 때문에 신하들은 모두 우씨왕후의 말을 믿을 수밖에 없었어요. 그리하여 연우 왕자는 고구려의 열 번째 왕인 산상왕이 되었어요. 산상왕은 약속대로 우씨왕후를 아내로 맞아들였지요. 두 명의 왕을 남편으로 둔 여인은 전 세계에서 우씨왕후 딱 한 사람뿐이랍니다.

고국천왕 (?~197년) 산상왕 (?~227년)

고국천왕은 고구려의 아홉 번째 왕, 고국천왕의 동생인 산상왕은 고구려의 열 번째 왕입니다. 고국천왕은 가난한 백성들에게 쌀을 빌려 주는 진대법을 만든 것으로 유명해요. 진대법 덕분에 고구려의 백성들은 흉년이 들어도 굶어 죽지 않을 수 있었지요. 산상왕도 형인 고국천왕의 뜻을 이어받아 백성들을 지혜롭게 보살폈어요. 당시 한나라의 백성 4천여 명이 고구려에서 살게 해 달라며 찾아올 정도로 나라가 번성했답니다.

고구려 사람들은 형의 아내와 결혼을 한다?

고구려 국내성에 살고 있는 농부 장태식 씨의 결혼식이 화제다. 그건 바로 장태식 씨의 새 신부가 형인 장철식 씨의 아내라는 점 때문이다.

장태식 씨에게 그 이유를 직접 물어보았다.

"형의 아내와 결혼하게 된 이유가 무엇입니까?"

"저희 형님이 선비족과의 전쟁에서 돌아가셨기 때문입니다. 벌써 2년이나 지난 일이군요."

"형님이 돌아가신 것과 형님의 아내와 결혼을 하는 게 무슨 상관이 있나요?"

"형님이 없으니 형님 가족들은 살길이 막막하죠. 제가 형수님과 결혼을 하면 형의 가족들을 누구보다 잘 돌볼 수 있습니다. 그래서 형님의 아내와 결혼을 하는 겁니다. 형님! 걱정하지 마세요! 제가 형수님과 조카들을 잘 돌볼게요."

이렇게 죽은 형의 아내와 결혼하는 것을 '형사취수제'라고 하는데, 이것은 고구려의 혼인 풍습이다. 장태식 씨뿐 아니라 수많은 고구려 남자들이 죽은 형의 아내와 결혼한다.

고구려에는 왜 이런 풍습이 생겨나게 된 것일까? 그것은 바로 고구려가 유달리 전쟁이 많은 나라이기 때문이다. 전쟁이 잦다 보니 남자들이 많이 죽고, 가장을 잃은 가정도 많을 수밖에 없다. 이렇게 가장이 없어 어려움에 처한 가정을 보호하기 위해 형사취수제와 같은 독특한 풍습이 생겨난 것이다.

고구려에는 '형사취수제' 말고도 '서옥제'라는 혼인 풍습이 있다.

서옥제는 결혼을 한 후에 신랑이 몇 년간 처갓집에 머무르면서 일을 해 주는 것으로, 고구려에 있는 또 하나의 혼인 풍습이다.

2

신하들의 파란만장 진기록

1 71년 동안 꼬박꼬박 일기 쓴 사람

"원용아, 이리 와 앉거라."
아버지는 두툼한 책 몇 권을 원용에게 보여 주었어요. 그 책들은 아버지가 쓴 일기 묶음이었어요.
"원용아, 내가 일기를 왜 쓰는 줄 아느냐?"
원용은 선뜻 대답을 하지 못했어요.
"일기란 지난 하루를 돌아보는 일이란다. 살아가는 데 이보다 도움이 되는 일은 없단다. 너도 이제 글을 깨쳤으니 일기를 쓰도록 해라."
"예, 아버지."
원용은 아버지의 말씀대로 일기를 쓰기 시작했어요. 그런데 매일매일 일기를 쓰는 건 쉬운 일이 아니었어요.

쓴다고 해도 그저 하루 동안 있었던 일들을 줄줄 써 내려가는 것뿐이어서 이게 과연 도움이 될까 하는 생각이 들었지요.

'아버지께서 일기를 중요하게 생각하시는 데는 분명히 이유가 있을 거야. 힘들더라도 계속 써 보자.'

원용은 꾹 참고 매일 일기를 썼어요. 원용은 읽은 책에 대한 생각, 농무에 대한 생각, 가족에 대한 생각 등을 적었어요.

'일기를 쓰니까 읽은 책들을 다시 생각해 볼 수 있어서 좋구나. 이것만 해도 큰 도움이 되는군.'

원용은 일기의 좋은 점을 조금씩 깨닫게 되었어요.

열아홉 살이 되던 해, 원용은 과거에 급제했어요. 그리고 벼슬살이를 시작하게 되었지요. 원용은 늘 바빴지만 일기 쓰기를 빼먹지 않았어요. 원용은 벼슬살이를 하며 느낀 점들을 빠짐없이 일기에 썼어요.

'일기를 쓰니까 내 잘못을 돌아보게 된다. 또한 앞으로 어떻게 해야 할지도 깨닫게 되는구나. 그래, 어떤 어려움이 있더라도 일기만큼은 계속 쓰자.'

일기를 쓰면서 인품을 닦은 덕에 원용의 벼슬은 점점 더 높아졌어요. 그리고 벼슬아치가 된 지 47년 만에 영의정의 자리에 올랐답니다. 원용의 나이 예순여섯 살 때의 일이었어요.

세월이 흘러 어느덧 원용과 함께 벼슬살이를 하던 사람들도 죽고 임금님도 바뀌었어요. 궁궐 안 사람들은 하나둘 사라져 갔지만 원용은 늘 영의정 자리에 있었어요. 매일 일기를 쓰는 규칙적인 생활 덕분에 항상 건강했거든요.

　정원용은 매일매일 일기를 쓰며 스스로를 돌아본 학자였어요. 그 덕분에 그는 70년이 넘는 긴 세월 동안 벼슬살이를 할 수 있었어요. 정원용이 쓴 일기 『경산일록』은 지금도 남아 있어요. 이것은 세계에서 가장 긴 일기랍니다.

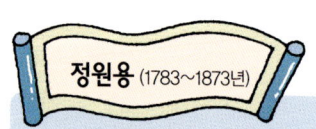

정원용 (1783~1873년)

정원용은 조선 후기 순조, 헌종, 철종, 고종 등 네 명의 왕을 모셨던 벼슬아치입니다. 강화도에서 농사를 짓던 철종을 왕으로 세우는 데 한몫한 사람이 바로 이 정원용이지요. 정원용은 철종이 죽고 고종이 왕이 될 때까지 원상이 되어 나랏일을 돌보았어요. 원상은 왕을 보살피며 나랏일을 보던 벼슬이에요. 정원용은 왕 다음으로 높은 권력을 누렸답니다.

일기의 달인들을 만나다!

기자 오늘은 일기를 열심히 쓰셨던 분들을 모시고 이야기를 들어 보겠습니다.

정원용 나는 조선 후기의 문신 정원용이오. 철종을 왕으로 세웠고, 후에 철종 임금이 돌아가시고 고종 임금이 왕위에 오르실 때까지 최고 신하의 자리에 있었지. 나는 『철종실록』을 비롯해서 수많은 책들을 썼어. 또 나는 어렸을 때부터 일기를 썼는데, 그게 바로 『경산일록』이야. 순조, 헌종, 철종, 고종 임금 때까지 약 71년 동안 쓴 일기이지. 나는 내 이야기뿐 아니라 그 시대 사람들의 생활, 당시 정치 상황들도 기록했지. 그래서 내 일기가 후세에 역사 자료로 꽤 도움이 된다더군.

황윤석 와, 71년 동안이나! 하지만 나도 만만치 않다오. 내 소개를 하자면 나 역시 조선시대에 살았던 언어학자로, 호는 이재라오. 열세 살 때부터 일기를 쓰기 시작해 예순세 살에 죽을 때까지 듣고 보고 배우고 생각한 것을 적었지. 책마다 쓰기 시작한 연대와 끝낸 연대를 기록하고 '난고'라는 제목을 달아 50책 6천 장 분량의 『이재난고』를 완성했네.

이순신 난 충무공 이순신이오. 나도 일기를 썼다네. 전쟁을 치르느라 정신없었을 텐데 어떻게 그 와중에 일기를 썼냐고? 아무리 바빠도 일기는 꼭 썼어. 전쟁의 상황과 적군의 정보 등을 기록하고, 내 마음 상태를 적으며 나 자신의 의지도 확인하고, 또 하루를 반성하기 위해서였지. 전쟁에 대한 기록은 전략을 짜고 전쟁을 승리로 이끄는 데도 도움이 많이 됐어. 임진왜란이 일어난 다음 달부터 시작하여 전사하기 전달까지의 일기인 『난중일기』는 임진왜란 연구에 없어서는 안 될 역사 자료가 되었지.

기자 네, 잘 들었습니다. 일기는 그 사람의 삶은 물론이고 그 사람이 살았던 시대를 보여 주는 글입니다. 그런 의미에서 좋은 일기는 역사책보다 더 가치가 있지 않을까요? 인터뷰에 응해 주신 세 분, 감사합니다.

2 제일 나이 많은 할아버지 신하

네 이놈들 누가 오래 견디나 보자!

"너희는 누구냐?"

칼을 빼든 수십 명의 병사가 차대왕을 둘러쌌어요. 고구려의 일곱 번째 왕인 차대왕은 겁에 질려 소리쳤어요.

"여봐라! 밖에 아무도 없느냐?"

백발이 성성한 한 노인이 병사들 뒤에서 나타났어요. 차대왕은 깜짝 놀란 표정으로 말했어요.

"너는 명림답부가 아니냐?"

"그렇습니다, 임금님."

차대왕은 떨리는 목소리로 물었어요.

"네놈이 어째서 나를 해치려 하느냐?"

"임금님의 죄가 너무 크기 때문입니다. 임금님께서는 죄 없는 태조왕의 두 아들과 훌륭한 신하들을 마구 죽이셨습니다. 온 백성들이 폐하를 원망하고 두려워합니다. 이제 그 죄를 태조왕과 하늘을 대신해 이

명림답부가 묻고자 합니다."

차대왕은 병사들이 휘두른 칼에 죽음을 맞고 말았어요.

명림답부는 태조왕의 막내 동생인 백고 왕자를 임금으로 세웠어요. 사람들은 그를 신대왕이라고 불렀지요. 신대왕은 마음이 어질고 착한 사람이었어요. 신대왕은 차대왕이 잡아 가둔 죄 없는 사람들을 모두 풀어 주고 억울한 사정도 들어주었어요.

고구려 백성들은 이제 마음 놓고 살 수 있게 되었어요. 백성들은 신대왕과 명림답부를 고구려를 구한 영웅이라며 우러러보았답니다. 신대왕과 명림답부는 백성들을 돌보는 데 노력을 아끼지 않았어요.

그러던 어느 날, 고구려의 왕궁으로 급한 소식이 전해졌어요. 중국 한나라의 군대가 쳐들어온 거예요. 신하들은 군대를 보내 무찔러야 한다고 입을 모았어요. 하지만 명림답부는 고개를 저었어요.

"한나라의 군대는 숫자도 많고 강합니다. 지금 군대를 보내 싸운다면 질 것이 불을 보듯 뻔합니다. 성문을 굳게 잠그고 막아야 합니다. 그리고 적의 먹을거리가 떨어질 때까지 기다려야 합니다. 배고픔을 견디다 못해 돌아가려 할 때 공격한다면 크게 이길 수 있을 것입니다."

신대왕은 명림답부의 말이 옳다고 생각했어요.

그리하여 고구려 군사들을 성안으로 들여보내고 성 밖에는 단 한 톨의 쌀도 남기지 않았어요. 우물도 모두 메워 버렸지요. 한나라 군대는 굶주린 채 싸울 수밖에 없었어요.

한나라의 군사들은 매섭게 공격했지만 고구려의 튼튼한 성은 끄떡도 하지 않았어요. 공격을 하면 할수록 한나라 병사들만 힘들 뿐이었어요. 마실 물과 먹을거리

마저 없어 금세 지치고 말았지요. 결국 자기네 나라로 돌아가는 것 말고는 방법이 없었어요.

명림답부는 성 위에서 물러가는 한나라 군대를 내려다보고 있었어요.

"지금이다. 용감한 고구려의 군대는 나아가 적군을 공격하라."

고구려의 기마병들이 쏜살같이 성 밖으로 달려 나갔어요. 한나라 군대는 고구려 군대보다 몇 배나 많았지만 지치고 굶주려 제대로 싸우지도 못하고 모두 죽고 말았답니다.

후에 명림답부는 113세의 나이로 세상을 떠났어요. 명림답부는 우리나라에서 가장 나이 많은 신하이자 임금을 바꾸고 나라를 구한 훌륭한 신하였답니다.

명림답부 (67~179년)

명림답부는 차대왕을 죽이고 나라를 바로 세웠던 고구려의 최고 높은 관리입니다. 태조왕의 동생이자 고구려의 7대 왕인 차대왕은 무척 난폭했어요. 태조왕을 따르던 신하들과 태조왕의 아들까지 죽일 정도였지요. 태조왕을 존경하고 사랑했던 백성들과 신하들은 차대왕을 무척 미워했어요. 명림답부는 그런 차대왕을 죽인 후 태조왕의 또 다른 동생인 신대왕을 왕으로 세웠어요. 그리고 신대왕을 도와 나라를 잘 이끌었답니다.

적군을 굶겨라! 고구려의 청야 전술

3 조선 정치계를 주름잡았던 화려한 기록의 주인공

청나라의 장군이 소리쳤어요.

"조선의 임금은 지금 당장 항복하라. 그렇지 않으면 모두 죽을 것이다!"

남한산성 안에 있던 인조와 벼슬아치들은 두려움에 몸을 떨었어요.

"임금님, 성안엔 이제 먹을 것도 남아 있지 않습니다. 항복해야 합니다."

벼슬아치들은 하나같이 항복을 해야 한다고 입을 모았어요. 그런데 끝까지 항복을 해서는 안 된다고 말하는 벼슬아치가 있었어요. 송시열이었지요.

"항복이라니 있을 수 없는 일입니다. 청나라는 보잘것없는 오랑캐의 나라입니다. 끝까지 맞서 싸워야 합니다."

청나라를 세운 만주족은 원래 우리나라 북쪽에 있던 작은 민족이었어요. 그런데 명나라를 무찌르고 거대한 청나라를 세웠지요. 송시열은 그런 청나라에게 고개를 숙이는 것을 참을 수 없었어요.

"성 밖에 있는 30만 대군을 보시오. 절대로 이길 수 없소."

인조는 결국 청나라 황제에게 항복을 했어요. 청나라 황제에게 무릎을 꿇고 이마를 바닥에 조아리며 큰절을 했지요.

송시열은 화가 나서 견딜 수가 없었어요.

"임금님께서 오랑캐에게 절을 하다니! 조선도 이제 끝이로구나."

송시열은 벼슬을 버리고 고향으로 내려갔어요. 그리고 고향에서 책을 쓰고, 제자들을 가르쳤어요. 송시열은 이때 첫 번째 기록을 세웠어요. 『송자대전』이라는 책을 썼는데, 그 양이 무려 215권이나 되었답니다. 이 책은 우리나라에서 가장 긴 책이에요.

인조가 세상을 떠난 후 왕이 된 효종은 청나라를 무척 미워했어요.

"송시열을 데리고 오라. 그에게 벼슬을 내릴 것이다."

그리하여 송시열은 다시 벼슬길에 올랐어요. 송시열의 수많은 제자들도 송시열을 따라 조정으로 들어왔어요.

"청나라는 오랑캐가 세운 나라입니다. 우리 조선은 청나라를 물리쳐야 합니다."

송시열은 벼슬길에 오르자마자 청나라를 물리쳐야 한다고 주장했어요. 그러자 조정의 신하들은 청나라와 친하게 지내자는 사람들과 청나라를 물리치자는 사람들로 나뉘어 다투기 시작했어요.

"나도 청나라를 물리쳐야 한다고 생각하오."

효종이 이렇게 말하자 다툼은 싱겁게 끝나고 말았어요. 송시열은 청나라와 친하게 지내야 한다고 주장한 벼슬아치들을 모두 조정 밖으로 내쫓아 버렸답니다.

이제 조정 안에는 모두 송시열을 따르는 사람들뿐이었어요. 이 무리를 '노론'이라고 불러요.

이때 송시열은 두 번째 기록을 세웠어요. 효종이 왕자들의 교육을 송시열에게 맡긴 거예요. 송시열은 효종, 현종 두 왕을 가르친 스승이 되었어요.

또 하나의 기록은 죽고 나서 생겼답니다. 송시열은 『조선왕조실록』에 무려 3천 번이나 등장했어요. 한 해에만 117번 등장했던 적도 있지요. 두루두루 활약했던 송시열의 제자들 덕분에 그는 죽고 나서도 『조선왕조실록』에 수없이 등장할 수 있었답니다.

송시열 (1607~1689년)

송시열은 조선의 대표적인 학자이자 관리이며, 호는 우암(尤庵)입니다. 효종과 현종 때는 좌의정까지 지냈지요. 송시열은 오랫동안 정치계를 주름잡다가 숙종 15년(1689)에 왕세자 책정의 일로 왕의 노여움을 사서 사약을 받고 죽었습니다. 그가 쓴 책으로는 『주자대전차의』(121권), 『논맹문의통고』(14권), 『송자대전』(215권) 등이 있습니다.

만날 싸우는 벼슬아치들, 정신 차리시오!

조선 벼슬아치들의 다툼이 나날이 심해지고 있다. 벼슬아치들은 '붕당'이라는 패거리를 만들어 서로를 헐뜯고 있다. 붕당은 조선 중기 이후에 학문적인 입장이나 정치적인 입장을 같이하는 양반들이 모여 구성한 정치 집단이다. 이 붕당으로 운영되는 조선의 정치 형태인 붕당정치는 원래 같은 학문을 공부하면서 모인 사람들과 또 다른 붕당들이 조화롭게 정치를 이끌어 가는 게 목적이었다. 하지만 각 붕당들이 자신들의 이익만 찾고, 보다 더 강한 권력과 힘을 가지려 하면서 서로 다투기 시작했다.

그중에서도 특히 '노론'과 '소론'의 다툼이 가장 심하다. 노론과 소론은 서로를 얼마나 싫어하는지 멱살잡이를 하는 일도 심심치 않다고 한다. 노론과 소론은 뭐 하나 뜻을 같이하는 법이 없다. 제사 지내는 방법, 친척을 부르는 말, 걸음걸이, 심지어는 고름 접는 방법까지 다르다고 주장한다.

노론이 저고리 앞자락을 둥글게 접으면 소론은 모나게 접고, 노론 쪽 부인들이 치맛주름을 굵게 접으면 소론 쪽 부인들은 가늘게 접는다. 옷차림만 봐도 어느 붕당 쪽 사람인지 알 수 있을 정도이다.

힘을 합쳐 나라를 이끌어 가야 할 벼슬아치들이 이렇게 편을 나눠 다투고 있으니 큰일이 아닐 수 없다.

4 귀양살이를 해야만 했던 죄 없는 신하

정약용은 어려서부터 책을 좋아했어요. 그런데 책을 읽다가 이상한 점을 발견했어요.

'왜 공자와 맹자에 관한 책밖에 없을까? 백성들이 잘 먹고 잘사는 방법을 연구한 책이 있으면 참 좋을 텐데…….'

정약용의 아버지는 전라도 한 고을의 사또였어요. 정약용은 아버지를 따라다니며 가난한 백성들을 자주 보았어요. 겨울을 넘기지 못해 굶어 죽는 백성들도 셀 수 없이 많았지요.

'나라가 튼튼해지려면 백성들이 잘살아야 해. 분명히 백성들이 잘사는 법을 연구한 책이 있을 거야. 내가 한번 찾아봐야겠어.'

책을 찾아다니던 정약용은 우연히 이익이 쓴 『성호사설』이라는 책을 읽게 되었어요. 『성호사설』은 생활에 필요한 것들을 모아 놓은 백과사전 같은 책이었어요. 정약용은 무릎을 치며 중얼거렸어요.

"백성들에게 필요한 건 바로 이런 책이야. 백성들에겐 농사짓는 방법과 장사하는 방법을 아는 게 공자, 맹자를 아는 것보다 훨씬 이롭지. 앞으로 나도 백성들에게 도움이 되는 학문을 연구하겠어."

정약용은 벼슬길에 오른 후에도 백성들의 삶을 위한 연구를 하느라 바빴어요. 사람들은 농사짓는 법, 무거운 바위를 쉽게 들어 올리는 법

따위를 연구하는 정약용을 이상하게 생각했지요.

하지만 정조는 달랐어요. 정조는 단박에 정약용의 사람됨과 능력을 알아보았답니다.

"하하, 자네는 과학자로군. 내 옆에 있어 주게. 자네 같은 과학자가 할 일이 아주 많아."

정조는 정약용에게 중요한 일을 많이 맡겼어요. 정약용은 수원 화성을 짓는 일, 암행어사 일 등을 훌륭하게 해냈어요.

그러던 어느 날, 정약용은 황해도 곡산이라는 곳에 가게 되었어요. 곡산 백성들은 아주 어렵게 살고 있었어요.

곳간에 쌀 한 가마 남은 집이 없었고, 그 흔한 놋그릇이나 솥 단지조차 없었지요. 백성들이 말했어요.

"놋그릇은 예전에 벼슬아치께 빼앗겼습죠. 무쇠솥은 옆집 양반님께 빼앗겼습니다요."

어느 집 할 것 없이 비슷한 처지였어요. 양반들이 백성들의 것을 모두 빼앗아 간 거예요. 정약용은 기가 막혔어요.

'내가 양반인 게 부끄럽구나. 양반의 횡포가 없는 나라, 모든 백성들이 잘사는 나라가 되어야 해.'

서양으로부터 천주교가 들어온 후, 정약용의 형제들은 천주교를 믿게 되었어요. 유교가 국가의 종교였던 조선에서 천주교를 믿는 사람들은 모두 죄인 취급을 당해야 했어요. 정약용은 천주교 책을 갖고 있었다는 이유로 벌을 받게 되었어요.

그 후 정약용은 먼 곳으로 귀양살이를 갔어요. 그것도 18년 동안이나 말이에요.

정약용은 오랜 시간 귀양살이를 했지만 죄가 있었던 건 아니에요. 그는 진정으로 백성을 사랑한 관리이자 과학을 발전시킨 위대한 학자였답니다.

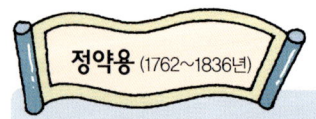
정약용 (1762~1836년)

정약용은 조선 정조 때의 대표적인 실학자입니다. 정약용은 학문이란 생활에 도움이 되어야 한다고 생각했어요. 거중기와 같은 과학 원리를 이용한 기계를 만드는 한편, 백성들의 삶이 나아질 수 있는 방법을 평생에 걸쳐 연구했지요. 하지만 정약용은 서학(천주교)에 관심이 있다는 이유로 긴 귀양살이를 해야만 했어요. 그러나 귀양살이 동안에도 연구를 멈추지 않고 『목민심서』, 『경세유표』, 『흠흠신서』 같은 뛰어난 책들을 많이 남겼답니다.

깜짝 일기 ○월 ○일 ○요일

백성을 위한 학문 — 정약용의 일기

정약용

사랑하는 조선의 백성들, 나는 그들을 생각하면 가슴 한편이 너무 아프다.

이 나라의 백성들이 힘든 건 모두 조선을 이끌어 가는 양반들의 잘못이다. 양반들이 나라를 제대로 돌보지 않고, 오직 자기 배만 채우려 백성들의 재산이나 빼앗으려고 하니…….

나는 현재의 정치 형태가 새롭게 바뀌어야 하며, 지방 관리들의 횡포를 막기 위해서 변화가 필요하다고 생각한다. 또한 우리 백성들은 땅에서 흘린 땀방울만큼 공평하게 수확을 거둬들여야 한다.

나는 조선의 백성들이 진정 사람답게 살기를 바란다. 그래서 백성들에게 정말 필요한 학문, 실학을 연구하는 것이다. 실학은 실제 사물에서 진리를 구한다는 '실사구시'의 학문을 말한다.

우주의 원리나 마음의 근원을 파헤치는 학문보다는, 실제 생활에 도움이 되는 학문이 필요하다.

정약용이 만든 거중기

백성들이 배불리 먹고살기 위해서는 농사가 잘돼야 하며, 그러기 위해서는 농사 방법이나 농기구가 발달되어야 한다. 그리고 우리에게 도움이 된다면 서양의 과학 지식도 배워 와야 할 것이다.

나는 비록 유배지에 있는 몸이지만 계속해서 백성들을 위한 학문을 연구할 것이다.

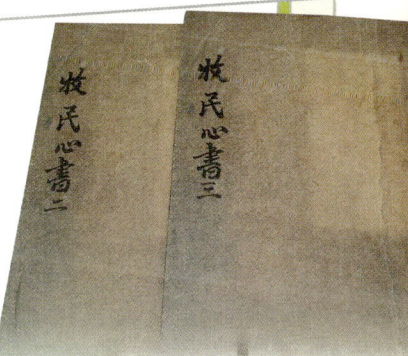

정약용이 쓴 목민심서

5 조선의 군대를 책임졌던 가장 어린 병조판서

"멈춰라!"

남이 장군이 이끄는 군대가 두만강에 이르렀어요. 남이 장군은 말 머리를 돌려 군사들에게 소리쳤어요.

"조선은 그동안 여진족에게 많은 은혜를 베풀었다. 그런데 여진족은 작은 힘을 믿고 우리 백성들을 괴롭히는구나. 이제 나는 저 강을 넘어 여진족을 무찌르고자 한다. 조선의 용맹한 군사들이여! 나를 따르라! 적들을 무찌르자!"

남이 장군의 힘찬 목소리에 군사들은 함성을 질렀어요.

남이 장군은 칼을 휘두르며 여진족 군대를 향해 내달렸어요. 수많은 여진족의 군사들이 남이 장군의 칼에 쓰러졌어요.

조선의 군사들도 남이 장군의 뒤를 따랐어요. 남이 장군이 이끄는 군대는 여진족을 크게 무찔렀답니다.

여진족을 몰아낸 남이 장군은 시를 한 수 읊었어요.

백두산 높은 봉우리는 칼을 갈아 다 없애고
두만강 깊은 물은 말을 먹여 다 없애리라
남자 나이 스무 살에 나라를 평화롭게 만들지 못하면
누가 대장부라 부르겠는가

전쟁터에서 돌아온 남이 장군은 병조판서가 되었어요. 병조판서는 나라의 군대를 책임지는 아주 높은 벼슬이었어요. 지금으로 치면 국방부 장관인 셈이지요.

"남이 장군은 고작 스물여덟 살입니다. 병조판서가 되기에는 너무 어립니다."

많은 신하들이 반대했지만 세조 임금은 뜻을 꺾지 않았어요.

"남이 장군은 전쟁에 나가 단 한 번도 진 적이 없는 훌륭한 장군이오. 임금을 몰아내려는 못된 무리들을 무찔렀고, 우리 백성을 괴롭히는 오랑캐도 무찔렀소. 이렇게 훌륭한 장군이 병조판서가 되지 않으면 누가 병조판서가 된단 말이오?"

임금님의 말에 다른 신하들은 더 이상 반대하지 못했어요.

한편 남이 장군이 병조판서가 되었다는 소식에 백성들은 크게 기뻐했어요.

"남이 장군께서 병조판서가 되셨으니 누구도 우리 조선을 넘보지 못할 거야."

"그럼 그럼, 아무리 강한 적도 남이 장군님을 이길 순 없지."

임금님과 백성들이 남이 장군을 너무 사랑했기 때문일까요? 남이 장군을 질투하는 무리들이 생겨났어요. 그 무리들은 남이 장군이 임금님을 몰아내려 한다는 거짓말을 꾸몄어요. 남이 장군이 여진족을 무찌르고 지은 시를 살짝 바꾸어 '나라를 평화롭게 만들지 못하면'이라는 글귀를 '나라를 얻지 못하면'으로 고쳤어요.

결국 남이 장군은 반란을 일으키려 한다는 억울한 죄를 뒤집어쓴 채 죽임을 당하고 말았어요. 병조판서가 된 지 1년도 안 되어 일어난 일이었지요. 백성들은 땅을 치며 남이 장군의 죽음을 슬퍼했답니다.

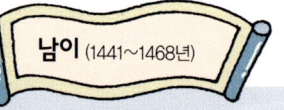

남이 (1441~1468년)

남이는 조선의 제7대 왕 세조 때의 장군입니다. 스무 살에 장수가 된 남이 장군은 뛰어난 무예로 수많은 공을 세웠어요. 북쪽 땅에서 반란을 일으킨 이시애를 물리쳤고, 북쪽 땅을 자주 침략하던 오랑캐들도 모두 무찔렀습니다. 그 공으로 스물여덟 살에 병조판서가 되었지요. 하지만 영광도 잠시, 유자광이라는 신하에 의해 역적으로 몰려 사형을 당하고 말았어요.

남이 장군을 모함한 자, 그대는 누구?

6 세계 최초로 바다 전투에 등장한 대포

왜구의 공격을 받은 마을은 끔찍했어요. 집들은 모두 불에 탔고 미처 도망가지 못해 죽은 사람들이 여기저기 쓰러져 있었지요. 올해에만 벌써 다섯 번째였어요.

'정말 답답하구나. 백성들이 이토록 괴롭힘을 당하는데 아무도 왜구를 막지 못하다니……'

어린 최무선은 제 손으로 왜구를 물리치고 말겠다고 다짐했어요. 최무선은 틈틈이 왜구를 물리칠 방법을 연구하곤 했어요.

일본 해적인 왜구는 아주 빠른 배를 타고 다녔어요. 활을 잘 쓰는 고려 군사들과 달리 왜구들은 칼을 아주 잘 썼어요. 그래서 왜구들은 고려 군대를 만나면 배를 바짝 붙인 후, 고려 군대의 배로 뛰어들어 칼싸움을 했지요.

'왜구의 배가 다가오기 전에 무찔러야 해. 그러니 나무를 뚫을 수 없는 화살은 아무 소용이 없어. 배를 부술 수 있는 무기가 필요해. 그것도 아주 먼 거리에서 쏠 수 있는 무기 말이야.'

최무선은 어떻게 하면 그런 무기를 만들 수 있을까 고민했어요.

> 모조리 쳐부숴라!

그러던 어느 날, 마을 어르신으로부터 화약에 대해 듣게 되었어요.

"옛날 몽골 군대가 쓰던 무기 중에 화약이라는 게 있어. 화약으로 나무는 물론이고 바위도 거뜬히 부술 수 있지."

최무선은 귀가 번쩍 뜨였어요.

"우리 고려에는 화약이 없나요?"

"없지. 몽골 사람들은 지금껏 화약 만드는 방법을 아무한테도 알려 주지 않았거든."

최무선은 꼭 화약을 만들어 내겠다고 결심했어요. 그리고 마침내 몇 년에 걸친 연구 끝에 화약을 만들어 냈지요.

하지만 최무선은 거기서 만족하지 않았어요.

왜구를 물리치기 위해선 배에 실을 수 있는 대포가 필요했어요. 세계 어디에도 배에 실을 수 있는 대포를 만든 사람이 없었을 때였어요. 대포는 쏠 때 큰 충격이 일어나 배가 부서지기 일쑤였거든요.

최무선은 수없이 실패했지만 포기하지 않았어요..

그리고 결국 배에 실을 수 있는 대포를 만들어 냈답니다.

때마침 왜구의 배 500척이 진포 앞바다에 나타났다는 소식이 전해졌어요.

최무선은 대포를 실은 100척의 배를 이끌고 바다로 나아갔어요. 왜구들은 최무선이 이끄는 배를 비웃었지요.

"푸하하! 겨우 100척의 배로 우리를 무찌르려 들다니 고려인들이 미쳤구나!"

하지만 그것도 잠시였어요. 고려의 배들이 천둥 같은 소리를 내며 대포를 쏘아 대기 시작했거든요. 왜구의 배는 순식간에 부서져 모조리 바다로 가라앉고 말았답니다.

이 전투를 진포대첩이라고 해요. 진포대첩은 배에 실은 대포를 사용한 세계 최초의 전투였어요. 서양 최초인 레판토 해전보다 200년이나 앞선 기록이지요.

최무선 (?~1395년)

최무선은 고려시대의 과학자이자 발명가입니다. 고려는 일본 해적인 왜구의 잦은 약탈 때문에 골머리를 앓았어요. 경상북도 영천에서 자란 최무선은 어려서부터 왜구의 약탈을 몸소 경험했지요. 그래서 왜구를 물리칠 방법을 연구하다가 고려에 온 원나라 사람에게 화약 기술을 배웠답니다. 최무선은 이 화약 기술을 더욱 발전시켜 나라를 지키는 데 필요한 많은 무기를 만들어 냈어요.

발명왕 최무선 장군을 만나다!

기자 안녕하세요? 최무선 장군님, 장군님 덕분에 활개 치던 왜구를 제압할 수가 있었네요. 어떻게 대포를 만들 생각을 하시게 됐나요?

최무선 장군 왜구는 우리나라의 큰 골칫거리였소. 어찌나 우리 땅에 넘어와 백성들을 괴롭히는지, 왜구의 횡포를 막아야 했지. 그런데 이들은 우리보다 발달된 전쟁 기술을 가지고 있었소. 칼싸움에도 능했고. 그래서 이들을 한 번에 물리칠 무기를 연구하게 됐소.

최무선

기자 아, 그러던 중 폭파의 위력이 크고 센 화약을 개발하게 되셨군요.

최무선 장군 그렇소. 나는 원나라의 이원이란 사람에게서 화약의 기초 제조법을 배웠어. 그리고 이를 기반으로 1377년에 화통도감을 설치하게 하여 본격적으로 화약을 만들었네.

기자 화통도감이 무엇인가요?

최무선 장군 화약과 화통을 만드는 일을 맡아 하던 임시 관아를 말하네.

기자 아, 그렇군요. 장군님이 만드신 배에 싣는 대포가 세계 최초인 건 혹시 알고 계셨나요? 또한 장군님이 만드신 대포는 후에 조선의 가장 강력한 무기로 사용되었어요. 장군님이 화약과 대포를 만들지 않았다면 훗날 임진왜란 때 이순신 장군도 왜군을 물리치기 힘들었을 거예요.

최무선 장군 하하, 과찬이오. 난 고려의 장군으로서 내가 할 일을 했을 뿐이라오.

기자 겸손하시기까지! 이상 왜구로부터 나라를 지켜 낸 최무선 장군님과의 인터뷰였습니다.

7 궁궐에 한 번도 들어오지 않았던 신하

윤증은 훌륭한 집안에서 태어나 어렸을 때부터 뛰어난 스승들에게 학문을 배웠어요. 모두들 윤증이 높은 관직에 오를 거라고 생각했지요. 그런데 어쩐 일인지 윤증은 서른 살이 되도록 과거 시험을 한 번도 보지 않았어요.

"저는 공부를 좀 더 하고 싶습니다."

윤증은 항상 이렇게 말할 뿐이었지요. 윤증의 학문은 나날이 깊어 갔어요. 그리고 윤증이 뛰어난 학자라는 이야기가 임금님의 귀에까지 들어가게 되었어요. 윤증이 서른여섯 살 되던 해, 임금님은 윤증에게 벼슬을 내렸어요.

"윤증이라는 선비의 학문이 뛰어나다고 들었다. 그에게 벼슬을 내려 나랏일을 하게 하라."

그런데 이게 웬일이에요. 윤증은 임금님이 내린 벼슬을 받지 않겠다고 했어요.

"저는 벼슬에 뜻이 없습니다."

임금님은 고개를 갸웃거렸어요. 다들 벼슬아치가 되고 싶어 안달인데 윤증은 벼슬을 준다는데도 싫다고 하니 이상했지요.

'혹시 너무 낮은 벼슬이라서 그런 걸까?'

임금님은 다시 윤증에게 높은 벼슬을 내렸어요. 하지만 윤증은 변함없이 벼슬자리를 마다했어요.

임금님은 다른 신하들을 불러 말했어요.

"윤증이 벼슬을 마다하는 이유를 알고 싶으니 그대들이 직접 가서 물어보시오."

그리하여 찾아간 신하에게 윤증이 말했어요.

"벼슬아치가 되어 보아야 할 수 있는 일이 없기 때문입니다."

"그게 무슨 소리요?"

"지금 조선에서 가장 힘 있는 사람은 송시열 대감입니다. 누구도 감히 그분의 말씀을 거스르지 못하지요. 임금님조차도 송시열 대감의 말을 들으십니다. 그런데 제가 벼슬아치가 되어 본들 무엇을 할 수 있겠습니까?"

조선의 벼슬아치들은 늘 패를 나눠 다퉜어요. 그러다가 한쪽이 이기면 진 쪽 사람들을 모두 조정에서 몰아냈지요. 송시열 대감이 이끄는 패거리는 그 다툼에서 이겼어요. 그래서 모든 벼슬아치들이 송시열 대감을 따랐지요. 심지어 임금님조차도 송시열 대감을 함부로 대할 수 없었어요.

윤증의 말을 전해들은 임금님은 몹시 안타까워했어요.

"뛰어난 재주를 가진 사람을 신하로 둘 수 없다니, 슬픈 일이로다."

윤증은 궁궐에 들어가진 않았지만 다른 방법으로 나랏일을 했답니다. 그것도 아무도 하지 않았던 방법으로 말이에요. 윤증은 나라에 중요한 일이 있을 때마다 자기의 생각을 편지로 써서 임금님께 보냈어요.

"전하, 송시열 대감께서 청나라 공격을 주장한다고 들었습니다. 절대로 안 될 일입니다. 청나라는 크고 강한 나라입니다. 진정으로 우리나라를 위한 일이 무엇인지를 생각하십시오."

임금님도, 송시열 대감도 윤증의 편지를 무시할 수는 없었어요. 조선의 수많은 선비들이 윤증을 따랐기 때문이에요.

궁궐 안에서는 송시열 대감을 막을 사람이 없었지만 궁궐 밖의 윤증은 송시열 대감을 막을 수 있었지요. 임금님은 그런 윤증에게 우의정 벼슬을 내렸어요. 물론 윤증은 이번에도 벼슬자리를 마다했지요. 윤증은 한결같은 마음으로 궁궐 밖에서 나랏일을 돌본 훌륭한 신하였답니다.

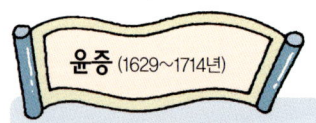
윤증 (1629~1714년)

윤증은 선비들의 존경을 받았던 조선 중기의 뛰어난 학자입니다. 그 무렵 조선은 송시열의 세상이었어요. 윤증은 송시열의 가장 뛰어난 제자이면서도 벼슬자리에 나가지 않았습니다. 학문을 연구하며 제자들을 가르치는 데 일생을 바쳤지요. 그리고 나라에 중요한 일이 있을 때마다 임금님께 편지를 보내 자기의 뜻을 전했답니다.

임금님, 통촉하여 주시옵소서

prologue | blog

나라가 이토록 어지러운 상황을, 더 이상 보고 있을 수만은 없습니다. 저는 비록 시골 언저리에 사는 일개 선비이지만, 제 생각을 반드시 조정에 전해야겠습니다. 그래서 목숨을 걸고서라도 다음과 같이 임금님께 상소문을 올리려고 합니다. 지금 돌아가고 있는 정치 상황에 대한 생각과 벼슬아치들의 잘못을 편지로 적어 올리겠다는 뜻입니다.

상소

제가 사는 이곳은 이루 말할 수 없을 정도로 가난합니다.
곳곳에서 백성들이 배고픔을 못 이겨 죽기도 하고, 남의 것을 도둑질하기도 합니다. 이번에 새로 부임한 못된 사또 때문입니다.
새로운 사또는 제 배를 불리는 것에만 관심이 있는 자입니다.
백성들에게 어마어마한 세금을 떼어 가 백성들이 굶어 죽을
지경에 이른 것입니다. 자세히 조사하셔서 이 사또를 내쫓고 백성을 위하는
바른 사또를 보내 주십시오. 임금님, 부디 통촉하여 주시옵소서.
또한 지난해 장마 때 엉망이 된 논밭이 아직도 제대로 정리되지 않았습니다.
백성들이 힘을 내어 논밭을 다시 복구할 수 있도록 쌀을 내려 주심이
어떠하겠습니까? 임금님, 부디 통촉하여 주시옵소서.
임금님의 은혜로운 마음으로 저희 고을을 굽어 살펴 주시길 감히 청하옵니다.

 소심남 어이구, 이 양반! 임금님이 노하셔서 벌하면 어쩌려고!
　　└ **빛골선비** 각오하고 있습니다. 지부상소를 올릴 예정입니다.
　　　　└ **초랭이** 지부상소가 뭔가유?
　　　　　　└ **빛골선비** 도끼를 들고 가 임금님께 올리는 상소를 말하는 것이오.
　　　　　　　'제 말이 틀리다면 이 도끼로 저를 죽여 주십시오' 하는 뜻이니, 말 그대로 목숨을 걸고
　　　　　　　상소를 올리는 것이오.
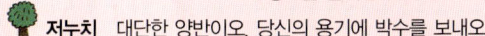 **저누치** 대단한 양반이오. 당신의 용기에 박수를 보내오.

1 장원급제만
아홉 번 한 공부의 신

흥!

나도 흥!!

아이를 낳기 전날 밤, 신사임당은 이상한 꿈을 꾸었어요. 바다에서 불쑥 날아오른 검은 용 한 마리가 신사임당의 방으로 들어오는 꿈이었어요. 신사임당은 하도 이상하여 남편에게 꿈 이야기를 들려주었지요. 남편은 껄껄 웃으며 말했어요.

"당신이 큰 인물을 낳을 꿈이구려. 아기의 이름을 검은 용이라는 뜻으로 현룡이라고 합시다."

현룡은 율곡 이이의 어릴 적 이름이에요. 현룡은 놀라울 정도로 똑똑한 아이였어요. 특히 글을 짓는 데 뛰어났지요. 현룡은 세 살 때 시를 지었어요. 할머니의 등에 업혀 마당에 나간 현룡은 탐스럽게 익은 석류를 보고는 이렇게 시를 지어 읊었답니다.

"빨간 주머니 속에 빨간 구슬이 부서져 있구나."

신사임당은 깜짝 놀랐어요.

'보통 아이가 아니구나. 정성을 다해 가르친다면 반드시 나라를 이끌 큰 인물이 될 거야.'

현룡은 글도 금세 깨쳤어요. 다섯 살 때 어른들도 읽기 힘든 온갖 어려운 책들을 읽을 수 있었어요.

일곱 살 때는 이웃에 사는 진복창이라는 사람을 보고 글을 짓기도 했어요.

"내가 진복창의 사람됨을 보니 마음이 좁으면서 겉으로는 너그러운 척한다. 이 사람이 벼슬자리를 얻게 된다면 걱정스러운 일이 끊이지 않을 것이다."

놀랍게도 일곱 살 꼬마 학자의 글은 딱 들어맞았어요. 훗날 높은 벼슬아치가 된 진복창은 죄 없는 선비들을 마구 죽여 나라를 크게 어지럽혔거든요.

이렇게 남달리 똑똑했던 현룡은 장원급제도 남들보다 빨랐어요. 열세 살 때 이미 진사 시험에서 장원급제를 했지요. 그런데 그게 다가 아니었어요. 조선의 아홉 가지 과거 시험에 모두 장원급제를 해 버렸답니다.

그러나 율곡 이이에게 공부보다 어려운 것이 있었어요. 바로 나랏일이었지요. 신하들이 서로 패를 나눠 다투기만 하니, 율곡 이이는 나라의 앞날이 너무나 걱정되었어요.

"힘을 합쳐 나라를 이끌어야 할 신하들이 서로 다투니 큰일이야. 아무리 애를 쓰고 노력을 해도 소용이 없구나."

신하들이 패를 나눠 다투는 바람에 조선은 안팎으로 혼란스러워졌어요. 북쪽의 여진족과 바다 건너 왜의 침입을 걱정한 율곡 이이는 임금님을 찾아가 말했어요.

"임금님, 주위 나라들이 더 강해졌습니다. 우리도 10만 명의 강한 군사를 키워 다른 나라의 공격에 맞설 준비를 해야 합니다."

하지만 임금님은 율곡 이이의 말을 듣지 않았어요.

결국 그가 죽은 지 8년 후, 임진왜란이 일어났어요. 임금님은 율곡 이이의 말을 귀담아 듣지 않은 것을 두고두고 후회했답니다.

율곡 이이는 단순히 공부만 잘하는 천재가 아니었어요. 노력을 게을리하지 않는 학자였고, 앞날을 내다볼 줄 아는 현명한 사람이었지요.

이이 (1536~1584년)

율곡 이이는 조선 선조 때의 학자이자 신사임당의 아들입니다. 열세 살 때 진사시에 장원급제한 것을 시작으로 여러 과거 시험에서 아홉 번이나 장원급제를 했어요. 이이는 중요한 벼슬을 두루 지냈지만 벼슬아치들이 편을 나눠 다투는 것을 막을 수 없자 벼슬을 버리고 학문 연구에 매달렸어요. 율곡 이이는 임진왜란이 일어날 것을 예상하고 10만 명의 군인을 길러야 한다는 '십만양병설'을 주장하기도 했답니다.

조선의 천재 율곡 이이를 만나다

율곡 이이가 태어난 강릉 오죽헌

기자 안녕하세요, 율곡 이이 선생님. 오천 원권 지폐에서만 뵙다가, 실제로 뵈니 영광입니다.

율곡 이이 하하, 후대에 내가 화폐에 등장한다는 얘기는 들었소. 오만 원권에는 나의 어머니이신 신사임당이 있으시고. 가문의 영광일세, 허허.

기자 선생님, 정말 유쾌하시네요. 선생님을 보면 천재가 아니셨나 싶어요. 한 번 하기도 힘든 장원급제를 아홉 번이나 하시다니요!

율곡 이이 나는 다만 책을 많이 읽고, 생각을 많이 하고, 글을 많이 썼을 뿐이오. 백성들을 위해 참된 정치를 하고자 하는 마음으로 학문을 연구했지. 그래서 여러 관직에 있으면서 정치에 대한 폭넓은 경험을 쌓았네.

기자 네, 그래서 선조 임금님의 두터운 신임도 얻으셨잖아요. 조선 정치를 주도하는 큰 인물이 되셨고요. 『동호문답』, 『만언봉사』, 『성학집요』 등을 지었고, 조선 정치의 전체적인 개혁안을 임금님께 올리기도 하셨고요.

율곡 이이 하지만 동인과 서인이라는 정치 집단끼리 다툼이 심해지면서 개혁안은 받아들여지지 않았네. 그리하여 한동안 관직에서 물러나 제자들을 가르치다가 『격몽요결』을 썼지. 하지만 당시 조선의 정치 상황을 두고볼 수가 없었소. 다시 관직에 올라 '시무육조'와 '십만양병설'을 주장했으나 받아들여지지 않았네. 아쉬울 따름이지.

기자 당시 정치 집단끼리의 싸움 때문에 율곡 이이 선생님께서 고충이 크셨다는 걸 알고 있어요. 하지만 후대 사람들은 알고 있답니다. 선생님이 백성을 사랑하고 능력 있는 인재들이 이 나라를 이끌 수 있도록 도왔으며, 임금님께 바른 정치를 하실 수 있도록 조언한 충신이었다는 것을요.

2. 7개 국어를 할 줄 알았던 언어의 달인

세종대왕은 언제나 밤늦게까지 일을 했어요. 세종대왕은 그날도 깜깜한 밤이 될 때까지 일을 하고 잠자리에 들려던 참이었지요. 그런데 집현전에 불이 켜져 있는 게 아니겠어요.

"집현전에 누가 있느냐?"

"학자 신숙주가 공부를 하고 있나이다."

세종대왕은 겉옷을 벗어 주며 말했어요.

"나보다 더한 공부벌레가 있었구나. 신숙주가 잠이 들거든 이 옷을 덮어 주도록 하라."

그날 신숙주는 새벽까지 책을 읽다가 책상 위에 엎드려 잠이 들고 말았어요. 다음 날 아침에 깨어난 신숙주는 임금님의 옷이 덮여 있는 것을 보고 깜짝 놀랐답니다.

"임금님의 은혜가 하늘과 같사옵니다. 앞으로 더욱 열심히 공부해 임금님의 큰 은혜에 조금이나마 보답하겠습니다."

신숙주는 임금님이 계신 곳을 향해 큰절을 하며 말했어요. 그 후로 신숙주는 더욱 열심히 공부에 매달렸어요.

그러던 어느 날, 세종대왕이 신숙주를 불렀어요.

"나는 그동안 자네를 지켜봐 왔네. 자네는 아주 뛰어난 학자야. 앞으로 우리의 글자를 만드는 데 도움이 되도록 다른 나라의 말과 글을 연구해 주게."

한글을 만들려면 다른 나라의 말과 글을 연구할 필요가 있었어요. 세종대왕은 그 일을 신숙주에게 맡겼지요.

신숙주는 그날부터 다른 나라 말과 글을 공부했어요. 책을 구해 읽고, 직접 다른 나라로 가서 말과 글을 익혔지요. 이렇듯 열심히 다른 나라 말을 연구하다 보니 신숙주는 여러 나라의 말을 할 수 있게 되었어요.

중국어, 몽고어, 여진어, 아라비아어, 인도어, 일본어까지 여섯 개의 나라말을 술술 할 수 있게 된 거예요. 우리말까지 일곱 개 나라 말을 할 줄 아는 신숙주는 세종대왕이 한글을 만드는 데 큰 힘이 되었어요. 세종대왕은 자주 신숙주를 불러 말에 대해 이것저것 물어보

곤 했답니다.

한편 중국 명나라의 학자 황찬은 신숙주가 정말로 일곱 개 나라말을 하는지 궁금했어요.

"자네가 조선의 언어 천재 신숙주인가? 그렇지 않아도 꼭 한번 만나고 보고 싶었네."

황찬은 다른 나라 사람 몇 명을 불러 신숙주와 이야기하도록 시켰어요. 신숙주는 막힘없이 여러 나라 말로 이야기를 나누었어요. 황찬은 감탄하며 말했어요.

"참으로 놀랍소. 일곱 개 나라말을 혼자서 모두 능숙하게 하다니 과연 하늘이 내린 재주입니다."

이처럼 신숙주는 세계 사람들이 알아주는 언어 천재였답니다.

신숙주는 조선 초기의 학자이자 신하입니다. 어려서부터 영특하고 학문을 좋아했던 신숙주는 집현전 학사가 된 후로 세종대왕의 사랑을 받았습니다. 세종대왕은 신숙주가 모아 온 자료로 연구를 거듭해 한글을 만들었답니다. 신숙주는 세종대왕 말고도 다섯 명의 왕을 더 모셨어요. 후에 세종대왕의 손자인 단종을 몰아내고 왕이 된 세조를 도와, 높은 벼슬아치가 되었답니다.

매향이네 숙주나물 비빔밥 개시

매향이네 주막으로 숙주나물 비빔밥 드시러 오세요.

숙주나물을 밥 위에 올리고 고추장 한 숟가락을 넣어서 쓱쓱 비비면 맛 좋은 비빔밥 완성! 맛도 기가 막히고, 몸에도 좋답니다. 숙주나물 이름에 얽힌 재미있는 이야기를 들려 드릴게요.

숙주나물의 '숙주'는 세종대왕이 사랑했던 신하 '신숙주'의 이름에서 따온 거랍니다. 신숙주는 똑똑하고 현명한 학자였지만, 전에 모시던 왕을 배신하고 새 왕을 따른 신하였어요.

세종대왕은 몸이 약한 아들 문종과 손자 단종을 늘 걱정했어요. 그래서 돌아가시기 전에 아끼는 신하들을 불러 문종과 단종을 부탁하셨는데, 신숙주도 그 신하들 중에 한 명이었답니다. 그런데 문종은 세종대왕이 걱정했던 대로 일찍 죽고 말았어요. 그 후 왕위를 이은 단종은 나이가 어려 나라를 이끌 힘이 없었어요. 그때 세종대왕의 둘째 아들인 세조가 단종을 쫓아내고 자신이 왕위에 올랐어요. 세종대왕의 부탁을 받았던 다른 신하들은 끝까지 세조를 반대했지요. 하지만 신숙주는 금세 세조의 편을 들었답니다.

이렇듯 쉽게 변절한 신숙주의 이야기에서 숙주나물이라는 이름이 생겼대요. 숙주나물도 날씨가 더우면 쉽게 맛이 변하고 상하거든요.

 의리의 돌쇠 이름 참 잘 지었네. 신숙주의 마음이 상하기 쉬운 숙주나물과 같구나.

　정승 집안 3대 독자 힘없는 단종 때문에 나라가 얼마나 어지러워졌는지 알고나 하는 소리유? 다 그럴 만하니까 그러는 거라고.

　일편단심쟁이 그래도 세종대왕이 그렇게 부탁을 했는데, 그 믿음을 저버리다니. 나빠요 나빠.

 장금이 숙주나물은 맛있긴 한데, 더운 날씨엔 금방 상하옵니다.

3 지구가 돈다고 주장한 최초의 우리나라 사람

"이것은 또 무엇인고?"

김석문은 벌써 일주일째 방에 틀어박혀 책만 읽고 있었어요. 김석문은 책을 무지무지 좋아했어요. 한번 책을 붙잡았다 하면 가족들조차 얼굴 보기가 힘들 정도였지요.

"이보게, 동생. 제발 그런 쓸데없는 책은 읽지 말게. 그런 이상한 책을 읽으니까 벼슬길에도 못 오르는 걸세."

친척 형님들은 김석문만 보면 답답하다는 듯 말했어요. 김석문은 책이라면 가리지 않고 뭐든 다 읽었거든요. 장사꾼들이나 읽는 수학책, 서양에서 들어온 이상한 책들도 가리지 않았어요. 하지만

그런 책들은 벼슬아치가 되는 데는 전혀 도움이 되지 않는 책들이었어요.

"저는 벼슬아치가 되는 것보다 책 읽는 것 자체가 더 좋습니다."

김석문은 허허 웃으며 대답하곤 했어요.

김석문에게는 나름대로 책을 고르는 방법이 있었어요. 그건 바로 비슷한 종류의 책을 한꺼번에 읽는 거예요. 예를 들어 자연에 대한 책을 읽기 시작하면 더 이상 구할 수 없을 때까지 샅샅이 찾아내 모조리 읽었어요. 수학에 대한 책, 별자리에 대한 책도 마찬가지였지요. 어느 나라의 책이든 가리지 않고 열심히 읽었답니다.

그러다 보니 김석문은 '공자', '맹자'만 읽는 다른 양반들과 전혀 다른 생각을 품게 되었어요. 특히 우주에 대해 깊이 생각하게 되었지요.

"우리가 사는 지구는 둥글다? 그럼 여태껏 지구가 네모나다고 알고 있었던 건 잘못된 게 아니었을까?"

몇 년 후 김석문은 우주에 대해 고민하고 연구한 것들을 모아 책 한 권을 썼어요. 『역학이십사도총해』라는 책이었어요. 김석문은 『역학이십사도총해』가 그 어느 책보다 뛰어나다고 생각했고, 사람들에게 당당히 보여 주었답니다.

그런데 이게 웬일이에요. 『역학이십사도총해』를 본 선비들이 김석문을 비웃는 게 아니겠어요.

"태양과 달이 공중에 둥둥 떠다닌다고? 자네, 책을 너무 많이 읽어서 머리가 어떻게 된 거 아닌가?"

"자네 말대로 지구가 뱅뱅 돈다면 우린 어지러워서 서 있지도 못할 걸세."

김석문은 크게 실망했어요. 자신들이 알고 있는 것만 옳다고 믿는 선비들이 참으로 답답했지요.

김석문은 지구가 스스로 돈다고 주장한 우리나라 최초의 학자예요. 김석문이 그런 주장을 할 수 있었던 것은 많은 책을 읽고 깊이 생각했기 때문이랍니다.

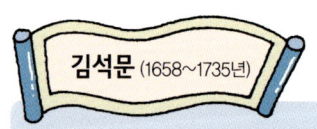

김석문 (1658~1735년)

김석문은 우리나라 최초로 지구가 돈다고 주장한 조선시대의 학자입니다. 엄청난 독서광이었던 김석문은 폭넓은 독서를 통해 동양은 물론 서양의 지식까지 쌓을 수 있었어요. 이렇게 쌓은 지식을 바탕으로 『역학이십사도총해』라는 책을 썼고, 지구가 1년에 366바퀴 돌고 있다고 주장했지요.

지구는 스스로 돈다!

prologue | blog

나는 요즘 지구에 대한 책들을 읽고 있다. 그리고 깜짝 놀랄 만한 사실을 알게 되었다. 그게 뭐냐고? 놀라지 마시라.

지구는 둥글다! 게다가 1년에 366번이나 뱅뱅 돈다! 그것만이 아니다. 태양과 달은 하늘에 박혀 있는 것이 아니라 공중에 둥둥 떠 있다.

믿을 수 없겠지만 사실이다. 내가 서역과 중국에서 들어온 책들을 모조리 읽어 봤는데 틀림없다. 그동안 우리 조선 사람들은 우주와 지구에 대해 완전히 잘못 알고 있었던 것이다!

*못 믿으시는 분들은 곧 나올 김석문의 『역학이십사도총해』를 읽어 보세요.

 **꽃미남 김 신비** 태양과 달이 둥둥 떠다닌다고? 님, 이 무슨 말도 안 되는 소리임?
　└ **독서광 김석문** 악플은 『역학이십사도총해』를 읽어 본 후에 달아 주세요.

 성균관 우등생 김석문 님, 하늘은 둥글고 땅은 네모나다는 건 삼척동자도 아는 사실이에요. 이상한 말씀 마시고 『사서삼경』부터 읽으세요.

 홍대용 안녕하세요. 김석문 님, 저는 님보다 100년 뒤에 하늘을 관찰하고 연구한 홍대용이라고 합니다. 제가 망원경으로 하늘을 관찰해 보니 님의 말씀이 정말 맞더라고요. 그리고 또 다른 사실! 지구가 한 바퀴 도는 데 걸리는 시간은 꼬박 하루랍니다.
　└ **노론 만세** 김석문 같은 괴짜가 또 있었군. 쯧쯧.

 갈릴레이 갈릴레오 김석문 님, 홍대용 님. 힘내세요. 저도 지구가 돈다고 주장했다가 사람들의 비웃음을 산 적이 있답니다. 하지만 언젠가 꼭 인정받을 날이 올 거예요.

4 우리나라 최초의 베스트셀러 작가

한양의 한 주막에 젊은 선비들이 모여 이야기를 나누고 있었어요.

"박지원 선생님이 청나라에서 돌아올 때가 되지 않았는가?"

"그렇지. 아마 지금쯤 조선 땅으로 들어오셨을 걸세. 이번엔 또 어떤 이야기를 쓰실지 정말 기대되는군."

"그러게 말이야. 지난번에 쓰신 『양반전』은 정말 재미있었어. 나는 읽다가 너무 웃겨서 데굴데굴 굴렀다네. 하하."

모두 박지원의 글을 좋아하는 선비들이었어요. 어찌나 좋아했던지 『양반전』이나 『광문자전』 같은 이야기책은 모두 갖고 있을 정도였지요.

젊은 선비들이 박지원의 글을 좋아하는 데는 이유가 있었어요. 다른 양반들은 틀에 박힌 재미없는 글만 쓰지만 박지원은 절로 웃음이 터져 나오는 재미있는 글을 썼거든요. 점잔을 떠는 양반들의 우스꽝스러운 모습, 못된 벼슬아치들이 골탕 먹는 이야기 같은 것들 말이에요.

하지만 박지원의 글은 우습기만 한 게 아니었어요. 글 속에는 당시 조선 사회의 여러 가지 잘못된 점을 꼬집는 내용이 담겨 있었어요. 그래서 박지원의 글을 좋아하는 선비들은 곧잘 나라의 잘못된 점에 대해 이야기하곤 했답니다.

"조선은 너무 가난하네. 장사를 너무 가볍게 여기는 탓이야."

"양반들은 또 어떻고. 나도 양반이지만 문제가 많네. 양반들부터 나라를 크고 강하게 만드는 데 관심조차 없지 않은가."

드디어 박지원이 청나라에서 돌아오는 날이 되었어요. 선비들은 기대에 부풀어 박지원을 마중 나갔지요.

"선생님, 잘 다녀오셨습니까?"

선비들이 인사하자 박지원은 너털웃음을 터뜨리며 말했어요.

"잘 지냈네. 청나라 여기저기를 구경하느라 정신이 없었지. 그런데 자네들은 뭐하러 여기까지 왔는가?"

"청나라에 다녀오신 이야기가 궁금해서 참을 수가 있어야지요. 그런데 선생님, 그 봇짐은 무엇입니까?"

선비 한 사람이 박지원의 등에 매달린 커다란 봇짐을 가리키며 물었어요.

"청나라에서 보고 들은 것들을 적은 종이일세."

박지원은 그 길로 집으로 돌아가 글을 쓰기 시작했어요.

박지원이 글 한 편을 완성하면 선비들은 돌려가며 그 글을 베껴 적었어요. 완성된 책은 무려 26권이나 되었어요.

그 책이 바로 『열하일기』랍니다.

그때 쓴 『열하일기』는 지금도 전해지고 있어요. 하지만 어느 것이 진짜 박지원이 쓴 책이고, 어느 것이 선비들이 베낀 것인지 알 수 없다고 해요.

『열하일기』는 그 어떤 책보다 인기가 좋았어요. 한양 안에 글을 읽을 줄 안다는 사람들은 모두 읽고 또 읽었지요. 이렇게 인기가 좋다 보니 젊은 선비들 사이에서는 박지원의 글을 흉내 내는 사람들까지 생겨났답니다. 흉내 내는 사람이 너무 많아지는 바람에 박지원은 임금님께 불려가 혼이 나기도 했어요.

"자네 때문에 젊은 선비들의 글이 아주 엉망일세. 앞으로는 반듯하게 쓰도록 하게."

박지원은 반듯한 글로 반성문을 써야 했어요. 그리고 다시는 예전처럼 재미있는 글을 쓸 수 없게 되었지요. 하지만 젊은 선비들은 몰래몰래 박지원의 글을 돌려 읽었답니다.

박지원 (1737~1805년)

연암 박지원은 조선 영조, 정조 시절의 유명한 한문 소설가이자 실학자입니다. 당시 조선의 양반들이 청나라를 오랑캐의 나라라며 업신여긴 데 반해, 박지원은 오히려 크고 강한 청나라의 뛰어난 점을 배워야 한다고 주장했어요. 또한 백성들을 돌보지 않고 점잖은 체만 하는 양반들의 잘못을 꼬집는 소설도 여러 편 썼지요. 박지원의 소설은 젊은 선비들에게 큰 인기를 끌었어요. 그래서 박지원의 글을 흉내 내는 선비들도 많았답니다.

박지원의 『양반전』 엿보기

5 나라까지도 살 수 있었던 부자

예나 지금이나 우리나라 인삼은 중국 사람들에게 아주 인기가 좋답니다. 크기는 작지만 몸에 좋아서 중국 인삼보다 훨씬 더 비싼 값에 팔리지요. 임상옥은 이 조선 인삼을 중국에 내다 파는 상인이었어요.

한번은 중국에 큰 홍수가 나서 인삼 값이 크게 오른 적이 있었어요.

조선 인삼을 모두 태워라!

에잇!

"청나라 인삼 값이 올랐으니 당연히 청나라에 파는 조선 인삼 값도 올려야지."

임상옥은 당연히 그래야 한다고 생각했어요.

그런데 청나라 상인들이 우르르 임상옥을 찾아왔어요. 그들은 임상옥에게 조선 인삼을 사서 청나라 곳곳에 내다 파는 사람들이었지요.

"조선은 풍년이 들어 인삼이 많이 났다고 들었소. 그런데 인삼 값을 왜 올리시오?"

임상옥은 인삼 값을 올린 이유를 설명해 주었어요.

"청나라 땅에서 파는 청나라 인삼 값이 크게 올랐으니 청나라 땅에서 파는 조선 인삼 값도 당연히 올려야지요."

"안 되오. 인삼 값을 평소대로 낮추시오. 만약 값을 내리지 않는다면 우리는 당신네 조선 인삼을 단 한 뿌리도 사지 않겠소. 인삼을 썩혀 버리든 말든 당신이 알아서 하시오."

중국 장사꾼들은 모두 가 버렸어요. 그리고 며칠이 지나도록 아무도 조선 인삼을 사러 오지 않았지요. 조선 인삼 값을 내리려고 중국 장사꾼들끼리 서로 짠 거예요.

한참을 고민하던 임상옥은 아랫사람들에게 말했어요.

"너희는 지금 당장 장터에 가서 '임상옥이 조선 인삼을 불태운다'고 소문을 내거라."

아랫사람들은 깜짝 놀란 표정으로 임상옥을 쳐다보았어요.

"이 방법밖에 없다. 어서 가서 소문

을 내거라."

마침내 임상옥은 장터 한복판에 조선 인삼을 산더미처럼 쌓았어요. 지금으로 치면 100억 원도 넘는 어마어마한 양이었어요. 값비싼 인삼을 불태운다고 하니 사람들이 구름 떼처럼 몰려들었어요.

"물건이 적고 살 사람이 많으면 값을 올리는 게 당연하오. 그런데 청나라 상인들이 값을 내리라고 억지를 부리고 있소. 가지고 돌아가 봐야 어차피 썩을 물건들이니 이 자리에서 모두 불태워 버리겠소."

임상옥은 주저 없이 인삼에 불을 붙였어요. 바짝 마른 인삼은 연기를 내며 타기 시작했어요.

"아이고, 왜 이러시오? 이 비싼 것을 어찌 태운단 말이오?"

깜짝 놀란 중국 장사꾼들이 허겁지겁 불을 껐어요. 흉년 때문에 조선 인삼은 말 그대로 금값이었어요. 사실 중국 장사꾼들은 비싼 값에 사도 큰 이득을 남길 수 있었지요. 그런데 임상옥이 조선 인삼을 모두 태우려 하니 깜짝 놀랄 수밖에요.

"우리가 졌소. 부르는 대로 돈을 줄 테니 인삼을 파시오."

"인삼은 이미 많이 타 버렸소. 내가 처음 불렀던 값에 세 배는 받아야겠소."

그리하여 임상옥은 세 배나 높은 값에 인삼을 모두 팔았답니다.

임상옥 (1779~1855년)

임상옥은 조선 정조, 순조 때 중국 청나라를 오가며 인삼을 팔았던 상인입니다. 임상옥은 평생 은자(당시 중국 돈) 2500만 냥을 벌었는데, 이는 조선 땅을 모두 사고도 남을 만큼 큰돈이었지요. 그는 부자였지만 재물을 탐하지 않았어요. 흉년이 들 때마다 자신의 재산을 풀어 백성들을 먹여 살렸지요. 또한 글도 아주 잘 써서 『가포집』, 『적중일기』 같은 책도 남겼답니다.

조선 최고의 상인 임상옥을 만나다

기자 안녕하세요? 조선 최고의 부자 임상옥 대방님. 대빙님은 어떻게 부자가 되셨죠? 돈 버는 비결 좀 알려 주세요.

임상옥 허허, 돈 버는 비결이라……. 나야 좋은 물건을 사다가 원하는 사람들에게 적절한 가격으로 판 게 비결이라면 비결일까.

기자 아, 대방님은 상업으로 크게 성공하셨잖아요. 당시 조선 후기 상업이 발달했었나요?

임상옥 원래 조선은 장사를 천하게 여기는 나라라 다른 나라를 오가며 장사하는 걸 금지했었소. 그런데 임진왜란과 병자호란을 겪은 후부터는 국제 무역을 할 수 있게 되었다오. 청나라와 일본이 조선에 서로의 물건을 사고팔자고 요구했거든. 그래서 나처럼 국제 무역을 하는 장사꾼이 생겨나기 시작했지.

기자 국제 무역은 주로 어떻게 이루어졌죠?

임상옥 주로 청나라와 가까운 의주, 일본과 가까운 동래에서 외국 상인들과 거래가 이루어졌지. 원래는 정부에 의해 사사로운 무역은 금지되었는데, 조선 후기에 들어 자유롭게 허용되었소.

기자 그렇군요. 조선 후기엔 다른 나라와 무역이 꽤 활발했군요.

임상옥 그렇소. 나라간 무역뿐만 아니라, 나라 안에서 활동하는 장사꾼들도 많이 생겨났소. 봇짐을 지고 이곳저곳 떠돌며 장사를 하는 보부상도 있었고, 요즘의 여관 같은 곳에서 상인들의 물건을 보관해 주거나 대신 팔아 주는 객주나 여각도 있었지.

기자 와, 그렇구나. 참! 대방님은 백성들을 위해 좋은 일도 많이 하셨다면서요?

임상옥 쑥스럽게 무슨. 다만 사람을 통해 장사를 하여 돈을 벌었으니, 그렇게 번 돈도 사람을 위해 썼을 뿐이지. 이익을 남기는 것도 중요하지만, 결국 돈을 버는 이유도 사람을 위한 것 아니겠는가. 사람보다 돈이 먼저라고 하는 이들은 참된 상인이 아니지.

기자 역시 대방님은 조선시대의 훈남이세요!

6 400년 동안 대대로 이어 온 부자 집안

곡괭이와 몽둥이를 든 남자들이 장터를 가득 채웠어요. 이들은 남의 땅을 빌려 농사를 짓는 소작농들이었어요.

"우리는 늘 뼈 빠지게 일을 하고도 밥 한 끼 제대로 못 먹습니다. 이게 모두 욕심 많은 땅 주인과 벼슬아치들 때문입니다. 땅 빌려 준 값이라고, 세금이라고 뭉텅뭉텅 떼어 가고 나면 겨울 동안 먹을 쌀도 남질 않아요. 우리 모두 힘을 합해 땅 부자들과 벼슬아치들을 혼내 줍시다."

"옳소! 옳소!"

누구도 이 엄청난 수의 소작농들을 막을 수 없었어요. 관아의 병졸들도 마을의 부자들도 모두 도망가 버렸지요. 소작농들은 부잣집과 관아의 곳간을 열어 쌀가마를 모두 나눠 가졌어요.

소작농들은 우르르 몰려 최 부잣집에 도착했어요.

"최 부자는 경주에서 제일가는 부자요. 가서 최 부자가 가진 것을 모두 빼앗읍시다."

누군가 나서서 소리쳤어요. 하지만 어쩐 일인지 소작농들은 멀뚱히 서 있기만 했어요.

"왜 그러시오? 얼른 들어갑시다."

그때 소작농 한 사람이 나서서 말했어요.

"최 부잣집은 그냥 둡시다."

"왜요?"

"최 부잣집 어르신께선 우리를 괴롭힌 적이 없소. 땅도 늘 싼값에 빌려주시고, 지난번 흉년 때는 어르신께서 굶어 죽으면 안 된다며 쌀도 나눠 주셨단 말이오. 그런 어르신을 어찌 다른 부자들과 같다고 하겠소."

옆에서 듣고 있던 소작농들도 입을 모아 말했어요.

"맞아요. 이 마을에 사는 사람 중에 최 부잣집 어르신 신세를 안 진 사람이 없소. 은혜를 원수로 갚으면 안 되오. 최 부잣집은 그냥 둡시다."

소작농들은 최 부잣집에서 조용히 물러났답니다.

경주 최 부자는 사람들의 존경과 사랑을 받는 부자였어요. 그것도 무려 400년 동안이나 말이에요.

최 부잣집에는 대대로 내려오는 가훈이 있어요.

첫째, 공부를 게을리하지 말되 벼슬길에는 나서지 마라.
둘째, 만석이 넘도록 재산을 모으지 마라.
셋째, 손님 대접을 잘하라.
넷째, 최씨 가문의 며느리들은 시집 온 후 3년 동안 무명 옷을 입어라.
다섯째, 주위 백 리 안에 굶어 죽는 사람이 없게 하라.
여섯째, 물건을 아껴 쓰고 이웃에게 나누어 주라.

이렇듯 욕심을 부리지 않고 이웃을 아끼니 사람들의 존경과 사랑을 받을 수밖에 없었지요.

최 부잣집은 일제시대 때 독립운동을 위해 모든 재산을 내놓기도 했어요. 경주 사람들은 지금도 최 부잣집 이야기를 하곤 한답니다.

경주 최 부자

400년 동안 9대 진사와 12대 만석꾼을 배출한 집안으로 보통 '경주 최 부잣집'이라고 알려져 있어요. 경북 경주시 교동에 있는 경주 최씨 집안의 오래된 가옥은 현재 중요민속자료 제27호로 지정되어 있지요. 막대한 재산보다 이웃을 돌보는 마음이 더 넉넉했던 경주 최씨 집안은 많은 사람들의 존경과 사랑을 받았어요. 경주 최씨 집안의 마지막 부자 최준은 일제시대 때 독립운동을 돕는 자금을 제공해 일본 경찰에 체포되기도 했답니다.

깜짝 일기 ○월 ○일 ○요일

미루나무 집 김서방의 일기

    올해 농사는 정말 잘되었다. 벼 이삭이 어찌나 실하게 익었는지 논이 온통 황금빛이다. 최 부자 어르신도 기분이 좋으신지 우리 소작농들을 칭찬해 주셨다.
    "자네들이 농사를 잘 지어 올해는 아주 큰 풍년이 들었네그려."
    "아닙니다요. 이게 다 어르신 덕분이지요."
    "그런 소리 말게. 농사는 자네들이 지었는데 그게 어떻게 내 덕인가."
    최 부자 어르신의 말씀에 우리 소작농들은 그저 감사하는 마음뿐이었다. 최 부자 어르신이 아니었다면 우리 마을 사람들은 모두 지난해 겨울에 굶어 죽고 말았을 것이다.
    최 부자 어르신네는 대대로 '나눔'을 실현하고 있다. 찾아오는 손님을 후하게 대접하고, 흉년에 남의 논밭을 사들이지 못하게 하신다. 최 부자 어르신네는 1년 동안 쌀을 약 3천 석 정도 수확하는데, 1천 석은 먹고 1천 석은 손님에게 베풀고 나머지 1천 석은 주변의 어려운 사람들에게 나누어 주신다. 지난해 최 부자 어르신이 하신 말씀이 지금도 생생하게 기억난다.
    "흉년이 들어 다들 힘들걸세. 그래도 내 집에 곡식이 있어 다행이네. 이번 겨울을 어떻게든 잘 넘겨 보세. 굶어 죽는 사람이 있어서는 안 되네."
    세상에 최 부자 어르신 같은 분만 있다면 얼마나 좋을까. 그럼 가난 때문에 눈물 흘리는 사람은 없을 텐데…….
    내일부터 추수다. 수북이 쌓일 곡식들을 생각하니 벌써부터 기분이 좋다.

7 제주도민들을 먹여 살린 아름다운 여인

"너는 기생 만덕이가 아니냐?"
관아 앞에 무릎을 꿇은 만덕을 보고 사또가 깜짝 놀라 말했어요.
"사또께 부탁 드릴 것이 있어 찾아왔습니다."
"말해 보아라."
"저는 원래 양인 집안의 딸이었으나 부모님이 일찍 돌아가시어 어쩔 수 없이 기생이 되었습니다. 하지만 저는 더 이상 기생으로 살고 싶지 않습니다. 그러니 제발 저를 기생에서 풀어 주십시오."
만덕은 슬피 울며 말했어요.
"제주도의 기생은 다른 지역의 기생과 다르다. 돈도 많이 벌 뿐 아니라, 누구도 함부로 못하는 대상이지. 그런데 왜 굳이 기생을 그만두려는 것이냐?"
"돌아가신 부모님 때문입니다. 하늘에서 기생인 딸을 보시며 얼마나 슬퍼하시겠습니까?"

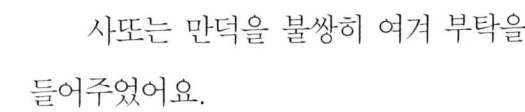

사또는 만덕을 불쌍히 여겨 부탁을 들어주었어요.

기생의 신분에서 벗어난 만덕은 바닷가에 주막을 차렸어요. 배를 타고 장사하는 사람들이 와서 밥도 먹고 잠도 잘 수 있는 주막이었지요.

"얘기 들었는가? 제주도 최고의 기생인 만덕이가 주막을 열었다는군. 오늘은 그리로 가세."

수많은 장사꾼들이 만덕을 보기 위해 주막으로 몰려들었어요. 덕분에 만덕의 주막은 항상 장사꾼들로 북적거렸어요.

제주도는 섬이라 바다 건너 들어오는 물건들은 모두 비쌌어요. 그중에서도 소금과 쌀이 특히 비쌌지요.

제주도는 우리나라에서 말을 가장 많이 키우는 곳이었어요. 날씨가 따뜻하고 드넓은 초원이 많아 말을 키우기에 아주 좋았거든요. 그래서 말의 꼬리털인 말총 또한 많이 났답니다.

만덕은 육지에서 소금과 쌀을 사다가 제주도 사람들에게 팔고, 제주도에서 나는 말총은 육지에 내다 팔았어요. 말총으로 양반들이 쓰는 모자인 갓을 만들었는데, 제주도 말총은 특히 인기가 좋았어요. 만덕은 금세 큰 부자가 되었답니다.

그러던 어느 날, 제주도에 큰 흉년이 들었어요. 제주도 사람들 모두가 굶어 죽을 지경이었지요. 임금님은 제주도에 쌀을 보냈어요. 하지만 쌀을 실어 오던 배가 폭풍을 만나 모두 물에 잠겨 버렸지 뭐예요.

제주도 사람들 모두가 희망을 잃고 눈물만 흘리고 있을 때였어요. 바다 저 멀리에서 쌀을 실은 수백 척의 배가 나타났어요. 만덕이 재산을 모두 털어 쌀을 산 거였어요. 사람들은 눈물을 흘리며 기뻐했어요.

"김만덕이 우리를 살렸다. 김만덕이 제주도를 살렸어."

가난한 집안의 딸로 태어나 한때 기생이었던 김만덕이 제주도를 살려 낸 부자가 된 거예요.

가진 재물보다 마음이 더 부자였던 김만덕. 그 후로 제주도 사람들은 물론 조선의 선비들이 김만덕의 이름을 높이 높이 우러러보았답니다.

김만덕 (1739~1812년)

김만덕은 제주도 사람들의 존경과 사랑을 받았던 조선시대의 여자 상인입니다. 기생이었다가 상인이 된 김만덕은 제주도의 특산품인 과일과 말총을 팔고 육지 물건을 사들여 어마어마한 돈을 벌었답니다. 그러던 중 제주도에 큰 흉년이 들었을 때 김만덕은 전 재산을 풀어 육지에서 사 온 쌀을 모두 제주도 사람들에게 나눠 주었습니다. 제주도 사람들은 지금도 김만덕을 '의녀(의로운 여인)'라고 부른답니다.

깜짝 일보

제23호 일간 ㅇㅇㅇ년 ㅇ월 ㅇ일
진기록 일보사 발행.com

제주도 거상 김만덕 이야기 담은 『만덕전』 탄생!

김만덕

제주도 백성을 구한 김만덕의 이야기가 『만덕전』이라는 글로 다시 지어져 화제이다. 저자는 영의정 채제공 대감. 채제공 대감은 『만덕전』을 쓴 이유를 다음과 같이 말했다.

"가난은 임금님도 못 구한다는 옛말이 있습니다. 그만큼 백성들의 가난을 해결하는 게 어렵다는 뜻이죠. 김만덕은 그 어려운 일을 해낸 사람입니다. 평생 장사로 모은 재산을 백성을 먹여 살린 데 모두 쓴 거예요. 우리나라의 어느 부자도, 어느 양반도 하지 못한 일을 해낸 겁니다. 이런 김만덕의 정신을 널리 알리기 위해 『만덕전』을 쓰게 된 겁니다."

사실 김만덕의 선행을 기록한 글은 『만덕전』 외에도 무수히 많다. 정약용, 박제가와 같은 실학자들의 글에서도 김만덕의 이름과 선행을 찾아볼 수 있다. 나라에서 기록하고 보관하는 책인 『승정원일기』, 『조선왕조실록』에도 김만덕의 이야기가 실려 있다.

김만덕은 임금님을 만난 최초의 평민 여인, 수많은 역사서에 이름을 남긴 유일한 여인에 이어 영의정이 지은 소설의 주인공이 되는 영광까지 누리게 되었다.

4

세계를 넘나든 한 발 한 발 진기록

1 일본 국보 1호가 낯설지 않은 이유

"아, 이것이 일본의 국보 1호입니까?"

독일의 철학자 야스퍼스가 미륵보살상을 보고 감탄하며 말했어요. 야스퍼스는 전 세계 사람들이 인정한 최고의 철학자였어요.

"나는 전 세계의 수많은 예술품들을 보아 왔습니다. 하지만 이렇게 아름다운 예술품은 처음입니다. 이 깨끗하고 따뜻하며 영원할 것만 같은 표정을 좀 보세요. 그 어떤 말로도 이 아름다움을 표현할 수 없을 겁니다."

세계 최고 철학자의 칭찬에 일본 사람들은 자부심을 느꼈어요. 하지만 그 기쁨은 오래가지 못했어요. 일본의 국보 1호와 똑같은 미술품이 한국에도 있었던 거예요. 그것은 바로 삼국시대에 만들어진 우리나라의 국보 '금동미륵보살반가상'이었어요. 현재 우리나라 국보 83호지요.

두 예술품은 모양도, 크기도 쌍둥이처럼 닮았어요. 다른 점은 딱 하나, 일본의 미륵보살상은 소나무로 만들었지만 삼국시대의 금동미륵보살반가상은 금동으로 만들었다는 점이었어요.

누가 봐도 두 예술품은 같은 나라의 작품이었어요. 일본과 한국 두 나라의 학자들은 이 예술품을 만든 나라가 어디인지를 놓고 다투기 시작했어요.

"삼국, 특히 백제가 일본에 큰 영향을 끼쳤다는 건 누구나 아는 사실입니다."

"그건 맞아요. 하지만 우리 일본의 고류사 미륵보살상이 삼국의 것이라고 할 수는 없어요. 그들의 영향을 받아서 모양이 비슷하긴 하지만 분명히 우리가 만든 거예요."

"비슷한 것도 정도가 있지요. 너무 똑같지 않습니까?"

"우리 일본 사람들은 눈썰미가 아주 좋아요. 뛰어난 예술가라면 똑같이 만들 수도 있습니다."

이렇게 티격태격하던 어느 날, 고류사 미륵보살상의 손가락이 부러지는 사고가 생기고 말았어요. 일본의 학자들은 몹시 슬퍼했어요. 하지만 다른 한편으로는 미륵보살상이 일본 것임을 증명할 수 있을 거라고 생각했지요.

"이 손가락을 조사해 봅시다. 그러면 미륵보살상을 만든 나무가 어느 나라 것인지 밝힐 수 있을 겁니다. 두 나라의 소나무는 다르니까요."

그리하여 일본 학자들은 미륵보살상의 손가락을 조사했어요.

그런데 이게 웬일이에요. 그 소나무는 붉은색을 띤 우리나라의 소나무였던 거예요.

"한국에서 소나무를 가져왔을 수도 있지요."

그 후로 일본 학자들은 더 이상 미륵보살상에 대한 이야기를 하지 않았답니다.

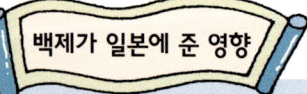
백제가 일본에 준 영향

일본 말 중에 '구다라나이'라는 말이 있습니다. 이 말은 '하찮은' '별것 아닌'이라는 뜻으로 쓰이는데, 말 그대로 풀이하면 '백제의 것이 아닌'이라는 뜻이랍니다. 일본 사람들이 백제의 물건을 얼마나 뛰어나다고 생각했는지 알 수 있는 말이지요. 백제의 문화유산을 닮은 건 미륵보살상만이 아니에요. 일본의 수많은 문화재들이 백제의 것을 꼭 빼닮았답니다. 백제는 일본에 뛰어난 문화를 전해 준 우수한 나라였어요.

깜짝 일보
제23호 일간 ○○○년 ○월 ○일
진기록 일보사 발행.com

일본으로 이민 가는 백제 귀족들

　백제가 망한 후, 수많은 백제 귀족들이 일본으로 향하고 있다.

　백제에서 매우 높은 자리에 있던 사람들도 끼어 있어 관심을 모으고 있는데, 그중에는 부여 풍 왕자와 함께 백제를 다시 일으켜 세우기 위해 노력했던 왕족 여자신, 그리고 귀실집사 등도 포함되어 있다. 이들은 수백 명에 이르는 백제 백성들과 함께 일본으로 건너갔다.

　일본은 이들을 환영하고 높은 벼슬자리를 주면서 일본 귀족으로 대우해 주었다고 한다. 백제의 귀족들이 이제 일본의 귀족으로 살아가게 된 것이다. 일본으로 건너온 귀실집사는 다음과 같이 말했다.

　"백제와 일본은 오래전부터 사이가 좋았습니다. 일본이 그 의리를 잊지 않고 우리 백제 귀족들을 따뜻하게 맞아 주니 기쁘기 그지없습니다. 우리 백제 귀족들은 이곳 일본에 백제의 뛰어난 문화를 전해 줄 것입니다. 우수한 백제 문화가 일본에서도 숨 쉬게 될 것입니다."

　이때부터 백제 귀족들은 일본에 오랫동안 살면서 뛰어난 예술품을 만들어 냈다. 그리고 이것은 훗날 일본의 문화유산이 되었다.

한국의 국보 83호
금동미륵보살반가상

일본의 국보 1호
목제미륵보살반가사유상

2 유럽 그림 속에 처음 등장한 우리나라 사람

"얼마 전에 조선 사람을 보았네."
저녁 식사를 하던 폴 루벤스는 친구에게 뜻밖의 이야기를 들었어요.
"조선? 나는 처음 들어 보는 나라네. 조선이 어딘가?"
"동쪽 끝에 있는 나라라고 하네. 중국 옆에 있다더군. 옷차림이나 생김새가 우리와는 완전히 다르다네."
폴 루벤스는 유럽에서 가장 유명한 화가였어요. 그는 조선이라는 낯선 나라에서 온 사람을 꼭 한번 그려 보고 싶었어요. 루벤스는 친구를 따라 조선 사람을 만나러 갔어요. 조선 사람의 이름은 안토니오 꼬레아였어요.
친구의 말처럼 조선 사람은 루벤스가 한 번도 본 적이 없는 모습을 하고 있었어요. 머리는 둥글게 묶어 올렸고, 그 위에 검고 투명한 모자를 쓰고 있었지요. 하얀색 옷이며, 노란빛이 도는 얼굴도 처음 보는 것이었어요.

루벤스는 한시라도 빨리 이 낯선 사람의 모습을 그리고 싶었어요. 그래서 재빨리 연필과 스케치북을 꺼내며 말했어요.

"반갑습니다. 나는 폴 루벤스라는 화가입니다. 당신을 그리고 싶어서 달려왔습니다. 허락해 주시겠습니까?"

안토니오 꼬레아는 고개를 끄덕였어요.

루벤스는 스케치북을 꺼내 안토니오 꼬레아를 그리기 시작했답니다. 루벤스는 그림을 그리며 안토니오 꼬레아에게 이탈리아에 오게 된 이유를 물었어요. 안토니오 꼬레아가 대답했어요.

"몇 년 전 왜(일본)가 우리 조선으로 쳐들어왔습니다. 저는 그때 왜군에게 사로잡혀 왜국으로 끌려갔어요. 왜국에서 하루하루 힘들게 살다가 그곳에 온 이탈리아 상인을 만나게 되었지요. 그리고 그를 따라 이곳까지 오게 된 것입니다."

안토니오 꼬레아는 임진왜란 때 왜국으로 끌려간 조선 사람이었던 거예요. 안토니오 꼬레아는 고향을 무척 그리워했어요. 하지만 돌아갈 방법이 없었지요.

"무척 마음이 아프겠군요."

안토니오 꼬레아는 말없이 고개를 끄덕였어요.

루벤스는 안토니오 꼬레아의 모습을 그린 후 집으로 돌아갔어요.

안토니오 꼬레아는 결국 고향으로 돌아가지 못했어요. 그는 이탈리아 사람과 결혼했고, 아이들도 낳았지요.

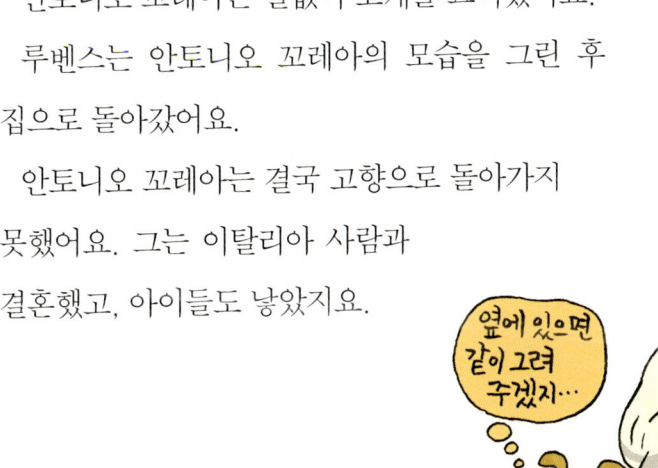

한복을 입은 남자

지금도 이탈리아에는 '꼬레아'라는 성을 가진 사람들이 살아요. 그 사람들은 안토니오 꼬레아의 자손들이지요. 그리고 폴 루벤스가 안토니오 꼬레아를 그린 「한복을 입은 남자」라는 그림은 미국의 한 박물관에 있답니다. '꼬레아'는 '코리아'의 이탈리아식 발음이에요.

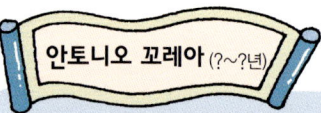
안토니오 꼬레아 (?~?년)

안토니오 꼬레아는 17세기에 이탈리아로 건너간 조선 사람이라고 추정되는 인물입니다. 그의 모습은 이탈리아의 유명한 화가인 폴 루벤스가 그린 「한복을 입은 남자」라는 작품을 통해 알려지게 되었어요. 정확한 기록이 남아 있진 않지만 임진왜란 때 잡혀간 조선 사람으로 여겨지고 있습니다. 이탈리아의 시칠리아 섬에는 '꼬레아'라는 성씨를 쓰는 그의 후손들이 살고 있다고 전해집니다.

안토니오 꼬레아를 그린 화가

동화 『플란더스의 개』를 읽어 본 적 있나요? 이 동화의 주인공 네로는 화가가 되는 게 꿈이었어요. 하지만 가난과 외로움을 이기지 못하고 사랑하는 개 파트라슈와 함께 죽고 말았지요. 네로는 「십자가에서 내려지는 그리스도」라는 그림 앞에서 죽음을 맞았답니다. 그 그림을 그린 사람이 누군지 아세요?

앞의 이야기에 나온 피터 폴 루벤스(Peter Paul Rubens, 1577~1640)랍니다. 네로가 가장 좋아했던 화가가 폴 루벤스였거든요. 그는 최초로 한국인을 그린 유럽 화가였답니다.

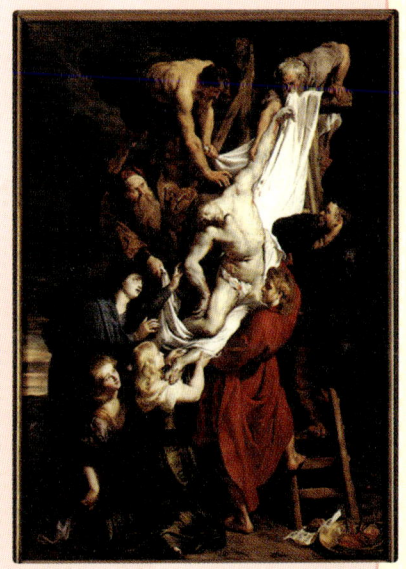

십자가에서 내려지는 그리스도

폴 루벤스

팥들었슈 그런데 화가 폴 루벤스가 그린 사람이 안토니아 꼬레아 확실하슈?

지식인간 사실인지 아닌지 확실하진 않습니다. 1993년 런던 크리스티 경매장에서 17세기 화가 폴 루벤스의 「한복을 입은 남자」 스케치가 미국 폴 게티 박물관에 팔렸는데, 당시 언론들은 그림 속 주인공을 '안토니오 꼬레아'라는 한국 사람이라고 보도했어요. 하지만 뚜렷한 이목구비 때문에 조선인이 아닐 것이라는 의견과 1930년대 영국의 한 전문지에 실린 그림 속 모자의 형태가 조선의 것과 비슷해서 조선인이라고 주장하는 의견이 엇갈렸답니다.

오필승꼬레아 제가 알기론, 1989년 당시 한 신문사 특파원이 안토니오 꼬레아의 후예들이 사는 마을이 이탈리아 남부에 있다고 보도하면서 알려지기 시작했대요.

3 먼 나라에서 온 가야국의 왕비

"저것은 배가 아닌가?"
바닷가에서 그물을 다듬던 어부들이 일손을 멈추고 웅성거렸어요. 가야국 앞바다에 나타난 배 때문이었어요.
"저건 도대체 어느 나라 배지?"
가야국에는 다른 나라 배들이 많이 들어왔어요. 그래서 가야국 사람들은 각 나라의 배 모양을 훤히 꿰고 있었지요. 그런데 지금 나타난 이 배는 난생처음 보는 모양새였어요. 화려하게 장식한 것으로 보아 귀한 사람이 탄 배인 듯했어요.
바닷가에 닿은 배에서 우르르 사람들이 내렸어요. 어부들은 깜짝 놀라고 말았어요.

"자네, 저렇게 생긴 사람들을 본 적이 있는가?"

"아니, 처음 보네. 도대체 어느 나라 사람이지?"

잠시 후 비단을 두른 어린 아가씨가 배에서 내렸어요. 아가씨를 모시고 온 열다섯 명의 뱃사공들도 뒤를 따랐지요.

어부 한 사람이 나서서 물었어요.

"어디서 온 뉘시오?"

다행히 뱃사공 중에 가야국의 말을 할 줄 아는 사람이 있었어요.

"여기가 가야국이 맞나요?"

"그렇소."

"우리가 제대로 왔군요. 우리는 아유타국 사람들입니다. 이분은 아유타국의 공주님이시고요. 가야국의 임금님을 뵙기 위해 왔습니다."

어부들은 처음 듣는 나라 이름에 어리둥절해하며 그들을 궁궐로 데려갔어요.

이 낯선 사람들을 보고 어리둥절한 건 가야국의 신하들도 마찬가지였어요.

"아유타국이라니……. 난생처음 듣는 나라가 아니오?"

"그렇소. 게다가 한 나라의 공주가 무엇 때문에 위험을 무릅쓰고 이 낯선 곳엘 온단 말이오. 혹시 사기꾼 아니오?"

"그럴 수도 있겠지요. 하지만 우리 마음대로 결정할 일은 아닌 것 같으니, 임금님께 알립시다."

신하들은 가야국의 임금님인 김수로에게 가서 아유타국 공주가 온 것을 알렸어요.

김수로왕은 아유타국의 공주를 데려오라고 했어요. 마치 모든 것을 알고 있었다는 듯 평온한 표정이었어요.

마침내 김수로왕을 만난 아유타국 공주는 찾아온 이유를 말했어요.

"지난날, 아버지께서 저를 불러 말씀하셨습니다. 가야국의 임금 김수로왕은 위대한 분이지만 나랏일을 돌보느라 아직 아내를 정하지 못했다고요. 아버지는 제가 임금님의 짝이라고 말씀하셨습니다."

"그 먼 길을 마다 않고 와 주어서 참으로 고맙소. 사실 그대를 기다리고 있었다오. 꿈에서 하느님이 나타나 그대가 올 것을 알려 주었기 때문이오. 그런데 정말 이렇게 만났으니 우리는 하늘이 맺어 준 부부가 아닌가 하오."

김수로왕은 아유타국 공주를 아내로 맞아들였어요. 아유타국 공주는 이름을 가야국식인 허황옥으로 바꾸었어요. 김수로왕은 허황옥을 매우 사랑했어요. 허황옥은 아들을 열 명이나 낳았답니다. 그중 두 명은 어머니의 성을 따라 허씨가 되었어요.

우리나라에 온 최초의 인도인 황후 허황옥은 김해 허씨의 시조가 되었답니다.

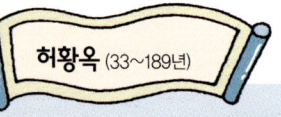

허황옥 (33~189년)

허황옥은 가야 김수로왕의 부인으로 허황후라고도 합니다. 현재 역사학계에서는 허황옥의 존재에 대해 여러 가지 의견이 있어요. 그중 하나는 불교가 가야 지배층의 신앙이 된 후 허황옥의 후손들이 허황옥을 신성하게 만들기 위해 불교의 성지인 아유타국의 공주라고 꾸몄다는 것이지요. 단정할 수는 없지만, 자신들의 시조에 신화적인 요소를 포함하고자 과장됐을 가능성이 있다고 합니다.

김수로왕의 부인 허황옥 공주를 만나다

기자 안녕하세요, 허황옥 공주님. 저 멀리 인도에서 가야국까지 오시다니, 정말 대단하세요.

허황옥 공주 네, 긴 여행이었지만 가야국 백성들이 모두 환영해 주셔서 하나도 피곤하지 않았답니다.

기자 제가 알기론, 공주님의 고향인 인도 아유타국은 아주 먼 곳인데요. 그곳에서 어떻게 김수로왕과 가야국을 알게 되셨나요?

허황옥 공주 그거야 김수로왕과 가야국이 잘 알려져 있었기 때문이지요.

기자 어떻게 머나먼 인도에까지 알려졌지요?

허황옥 공주 우리의 세력은 중국의 남부 지방까지 진출해 있어서, 한반도 남쪽 바다에 접한 가야와 교류를 할 수 있었어요. 또 가야국에서 생산해 내는 철은 품질이 좋아 다른 나라에서도 인기가 아주 높았죠. 가야국의 철이 유명하다 보니 가야국의 왕인 김수로왕도 자연스럽게 유명해졌답니다.

기자 오, 그렇군요.

허황옥 공주 가야국은 철기 문화가 발달한 나라였어요. 그래서 철을 사용하는 나라들은 모두 가야국과 김수로왕의 이름을 알고 있었답니다.

기자 아, 가야국은 작지만 강한 나라였군요. 허황옥 공주님, 인터뷰에 응해 주셔서 감사합니다

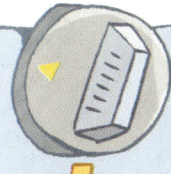
철갑옷

철제투구

4 유럽에 간 최초의 우리나라 여인

19세기 후반, 조선의 궁궐 안에서 큰 잔치가 열렸어요. 조선에 파견 온 프랑스 관리인 플랑시를 위한 잔치였어요. 플랑시는 조선과 프랑스가 사이좋게 지낼 수 있도록 많은 노력을 했거든요.

"앞으로도 우리 조선과 프랑스가 사이좋게 지낼 수 있도록 그대가 힘써 주길 바라오."

"감사합니다, 황제 폐하. 두 나라가 평화롭게 지낼 수 있도록 최선을 다하겠습니다."

플랑시는 고종 황제에게 고개 숙여 감사의 인사를 했어요. 하지만 플랑시는 아까부터 다른 곳에 마음이 가 있었어요.

'아, 저 여인은 누굴까? 저렇게 아름다운 여인은 처음 보는구나.'

플랑시는 춤을 추는 여인 중 한 사람에게 첫눈에 반했던 거예요. 그 여인은 궁녀 리진이었어요.

리진을 사랑하게 된 플랑시는 그녀 없인 하루도 살 수 없을 것만 같았어요. 플랑시는 용기를 내어 고종 황제에게 말했어요.

"저는 지금 한 여인에게 마음을 빼앗기고 말았습니다. 제가 그 여인을 데려갈 수 있도록 해 주십시오."

고종 황제의 허락을 받은 플랑시는 리진에게 말했어요.

"당신은 정말 여신처럼 아름답소. 나와 함께 프랑스로 갑시다. 당신은 프랑스에서 최고의 숙녀 대우를 받을 것이오."

리진은 말없이 고개를 끄덕였어요. 그리하여 리진은 플랑시를 따라 프랑스로 가게 되었어요. 40일이나 걸리는 길고 긴 여행이었어요.

프랑스의 수도 파리는 너무나 아름다운 곳이었어요. 바둑판처럼 반듯한 도로, 거대한 건물, 귀하고 신기한 물건들이 가득한 백화점, 아름다운 조각상들……. 리진은 그곳에서 새로운 삶을 시작했어요.

"리진 부인은 정말로 똑똑하세요. 프랑스 말을 금세 배우시네요."

리진에게 프랑스어를 가르치던 선생님이 말했어요.

플랑시는 어디든 리진과 함께 갔어요. 그 덕분에 리진은 프랑스에 대해 금세 많은 것을 알게 되었지요.

어느 날, 리진은 플랑시에게 말했어요.

"프랑스는 정말 놀라운 나라예요. 프랑스에선 여자들도 남자들처럼 뭐든 할 수 있어요. 노비도 없고요. 조선은 그렇지 않거든요. 여자는 아무것도 할 수 없고, 노비는 사람대접도 못 받지요."

리진은 여자였고 궁궐에 소속된 노비였어요. 플랑시는 리진을 꼭 안아 주었어요.

어멋! 나보다 예쁘네. 흥!

시간이 흐르자 리진은 고향이 그리워졌어요. 프랑스를 좋아했지만 외로웠지요. 음식도 점점 입맛에 맞지 않았고요.

날이 갈수록 리진은 야위어 갔어요. 플랑시는 리진을 위해 조선의 물건들을 구해 주었어요. 하지만 리진은 늘 슬픔에 잠겨 있었어요. 그러던 어느 날이었어요.

"리진, 기쁜 소식이 있소. 오늘 조선에 가서 일하라는 지시를 받았소. 나와 함께 당신이 꿈에 그리던 고향, 조선에 갑시다."

리진은 프랑스에 간 지 3년만에 조선으로 돌아오게 됐어요.

그러나 리진과 플랑시는 꿈에 그리던 고향에서 어떤 일을 겪게 될지 까맣게 모르고 있었어요.

"리진은 노비이자 춤추는 무희요. 조선 궁궐의 소속이니 다시 데려가겠소."

조선 땅에 도착한 리진은 관리들에게 끌려갔어요. 플랑시는 리진이 끌려가는 것을 지켜볼 수밖에 없었어요. 어떻게든 리진을 다시 데려오기 위해 노력했지만 소용이 없었어요.

깊은 슬픔에 빠진 리진은 결국 금 조각을 먹고 스스로 목숨을 끊었답니다.

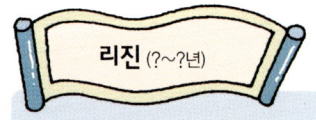
리진 (?~?년)

리진은 최초로 유럽에 간 우리나라 여인입니다. 리진은 조선 후기 고종 시대에 궁궐에서 춤을 추던 무희였어요. 이때 조선에 온 프랑스 외교관 콜랭 드 플랑시의 눈에 띄어 함께 파리로 가게 된 리진은 조선과 전혀 다른 유럽의 문화를 배우게 되었답니다. 하지만 플랑시가 조선으로 돌아오면서 리진은 다시 궁궐에서 춤을 추는 무희로 돌아가게 되었어요. 리진은 그 슬픔을 견디지 못하고 결국 자살을 하고 말았답니다.

도도한 파리의 여인들 — 리진의 일기

플랑시가 나를 위해 프랑스어를 가르쳐 주는 가정교사를 데려왔다. 내가 프랑스어를 하나둘 배울 때마다 플랑시는 어린아이처럼 기뻐한다.

"당신은 아름다울 뿐 아니라 똑똑하기까지 하오. 이런 당신을 어떻게 사랑하지 않을 수 있겠소. 하하."

플랑시는 나처럼 사랑스러운 여인을 본 적이 없다고 입버릇처럼 말한다. 하지만 나는 플랑시의 말을 이해할 수가 없다.

파리 여인들은 나보다 더 매력적인 것 같기 때문이다. 그녀들의 눈부신 금빛 머리와 보석처럼 빛나는 눈, 아름다운 몸매……. 그녀들을 보고 있으면 내 스스로가 보잘것없게 느껴진다.

이곳의 여성들은 고귀한 대접을 받는다. 남성들은 여성들에게 모든 것을 양보하고, 여성들은 남성들의 배려를 당연하게 받아들인다. 조선에서는 무조건 남성들이 우선이고 여성은 남성의 말을 따르는 것이 미덕인데, 이곳은 그렇지 않다.

나도 파리의 여성들처럼 당당해질 수 있을까. 남자들이 문을 열어 주거나, 계단을 오를 때 손을 잡아 주는 것이 나는 아직도 어색하다. 여자는 남자를 위해 모든 것을 희생해야 한다고 배우며 자란 탓이겠지.

검은 머리와 검은 눈동자를 가진 내가, 남자보다 여자를 낮춰야 하는 조선에서 태어난 내가, 과연 파리의 여인처럼 될 수 있을까?

아, 왠지 두렵고 슬프다.

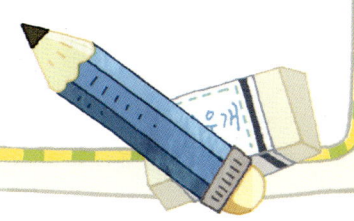

5. 이슬람교를 믿었던 고려 사람

바다가 내려다보이는 언덕에 두 소년이 앉아 있었어요. 한 소년은 고려 사람, 다른 한 소년은 이슬람 사람이었어요.

"라마단, 넌 고려 사람인데 어째서 이슬람 이름을 갖게 된 거야?"

라마단은 이슬람 소년을 보며 말했어요.

"우리 집안은 이슬람교를 믿거든. 우리 아버지 이름은 알라웃딘이야."

"그래? 이슬람교를 믿는 고려 사람을 보게 되다니 정말 반가운걸."

이슬람 소년은 싱글벙글 웃으며 말했어요.

라마단은 고려 사람이지만 원나라의 수도에서 태어나고 자랐어요. 원나라 수도에는 고려 사람뿐 아니라 이슬람, 유럽, 동남아시아 등 세계 곳곳의 사람들이 살고 있었어요. 칭기즈 칸이 세운 원나라는 세계를 지배하는 아주 큰 나라였거든요.

"라마단, 나는 이슬람과 아시아를 오가는 큰 장사꾼이 될 거야. 저기 바다에 떠 있는 배보다 훨씬 많은 배를 가진 장사꾼 말이야."

이슬람 친구는 세계 각국의 배로 가득 찬 바다를 보며 말했어요.

"이슬람 사람들은 장사를 정말 잘해. 너는 분명히 최고의 장사꾼이 될 수 있을 거야. 나는 원나라의 높은 관리가 되고 싶어."

"라마단, 너도 꿈을 이룰 수 있을 거야. 원나라 황제는 고려 사람들을 정말 좋아하잖아. 고려 사람들이 책을 많이 읽어서 똑똑하다고 항상 칭찬하지. 내가 보기에도 그런 것 같아."

두 소년은 서로를 쳐다보며 빙그레 웃었어요.

세월이 흘러 라마단은 어른이 되었어요. 라마단은 훌륭한 관리가 되기 위해 열심히 공부했어요. 백성들이 잘살 수 있는 방법, 무역을 더욱 활발하게 만드는 방법을 연구했지요. 그리고 정말로 '다루가치'라는 원나라의 관리가 되었어요. 다루가치는 한 지방을 다스리는 아주 높은 벼슬이에요. 라마단은 바닷가에 있는 제법 큰 도시를 다스리게 되었답니다.

라마단은 꿈을 이루었다는 생각에 가슴이 뿌듯했어요. 그리고 도시에 사는 백성들을 현명하고 지혜롭게 보살피겠다고 다짐했지요.

라마단은 백성들이 행복하게 살 수 있도록 온 힘을 다해 노력했어요. 하지만 안타깝게도 라마단은 꿈을 마음껏 펼칠 수 없었어요. 꿈꿔 왔던 것을 해 보기도 전에 일찍 죽고 말았기 때문이에요. 라마단의 나이 서른여덟 살 때의 일이었지요. 그는 고려 사람이었지만 이슬람을 믿는 사람들의 묘지에 묻혔고, 그의 비석에는 이슬람 말로 이런 글귀가 적혀 있어요.

'모든 인간은 죽는다. 하느님 외에는 신이 없다. 그분은 살아 계시고 영원하시며 모든 것을 알고 계신다.'

이슬람교의 가르침을 적어 놓은 것이었지요. 그리고 비석의 오른쪽에는 한문으로 이런 글귀가 적혀 있답니다.

'라마단은 고려 사람이다. 나이는 38세이고 육천현을 다스리는 다루가치였다.'

라마단은 이슬람교를 믿은 첫 번째 우리나라 사람, 수많은 나라의 문화를 보고 느꼈던 고려 사람이었답니다.

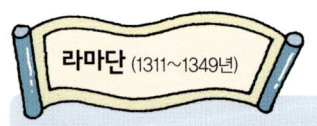

라마단 (1311~1349년)

라마단은 우리나라 최초로 이슬람교를 믿었던 고려 사람입니다. 세계를 지배했던 대제국 원나라에는 여러 나라 사람들이 모여 살았는데, 라마단도 그 무렵 원나라로 건너간 고려 사람이라고 추측됩니다. 발견된 묘비의 문구에는 라마단이 한 지역을 다스리는 '다루가치'라는 벼슬을 지냈다고 새겨져 있습니다. 라마단은 이슬람교를 믿어, 죽은 후에도 이슬람 교도들의 공동묘지에 묻혔지요.

깜짝 일보

제23호 일간 ○○○년 ○월 ○일
진기록 일보사 발행.com

14세기 이슬람교를 믿은 고려 사람 묘비 발견

이슬람의 경전 『코란』의 일부

중국 광저우에 있는 이슬람 사원에서 14세기 이슬람교를 믿었던 고려 사람 묘비가 발견되었다. 이로써 고려왕조가 원나라의 세력 밑에 있던 때, 고려 사람이 원나라 지방관인 다루가치가 되고 이슬람교를 믿어 이슬람 교도들의 공동묘지에 묻혔음을 알 수 있다.

모 대학 교수는 중국 광둥성 광저우에서 한국학 관련 자료를 조사하다가 '라마단'이라는 이름의 고려인 이슬람교도 묘비를 찾아냈다고 말했다.

이 라마단 묘비석은 높이 62센티미터, 폭 42센티미터이고, 두께는 6.2센티미터이다. 앞면은 매끈한 편이고, 뒷면은 다소 거칠다. 정면에는 이슬람 경전인 『코란』 제2장 255절을 인용한 아랍어가 크게 새겨져 있고, 좌우측에는 한자가 조그마하게 새겨져 있다.

오른쪽 면에서는 '…… 라마단은 고려 사람이다. 나이 38세이고 지금 광서도 용주 육천현 다루가치에 임명되었다'라는 문구가 확인되었다.

신라시대에도 이슬람 문화를 받아들인 흔적을 찾을 수 있다. 하지만 신라 사람이 이슬람교를 믿었던 흔적은 찾을 수 없다. 이번에 발견된 묘비의 주인 라마단이 최초라고 할 수 있다.

6 인도 여행 다녀온 신라 승려의 여행기

"『왕오천축국전』? 이건 무슨 책입니까?"

프랑스 역사학자인 폴 펠리오가 중국의 한 스님에게 물었어요. 폴 펠리오는 중국의 여기저기를 돌아다니며 옛날 책이나 유물을 돌아보던 중이었어요.

"옛날에 혜초라는 스님께서 지으신 여행기입니다."

폴 펠리오는 재빨리 책을 훑어보았어요. 그 안에는 인도와 페르시아, 티벳의 나라들을 여행한 이야기가 담겨 있었어요. 한눈에 보아도 아주 오래된 책이라는 걸 알 수 있었지요.

"스님, 저에게 이 책을 파십시오."

폴 펠리오는 스님에게 『왕오천축국전』을 샀어요. 폴 펠리오는 『왕오천축국전』을 연구하며 놀라운 사실을 알게 되었어요.

"세상에! 이 책은 727년에 쓰였어. 그 옛날에 벌써 인도와 페르시아, 티벳을 여행한 사람이 있었던 거야."

책 속에는 당시 인도와 페르시아, 티벳 사람들의 풍습이 고스란히 적혀 있었어요. 지금껏 알려지지 않은 사실도 정말 많았답니다.

'인도의 불교는 사라져 가고 있다. 수많은 절이 텅텅 비었다. 그나마 스님이 남아 있는 절들도 돈이 없다.'

'인도에서는 죄를 지어도 돈만 내면 벌을 받지 않는다. 그리고 인도의 어느 지방 사람들은 옷을 벗고 생활한다.'

'티벳에서는 아내 한 사람이 여러 남편을 거느린다. 그들은 고기를 먹지 않는다.'

폴 펠리오는 벌떡 일어나 소리쳤어요.

"이건 정말 대단한 책이야. 700년 무렵의 인도와 서역의 여러 나라 사람들이 어떻게 살았는지 고스란히 적혀 있잖아! 그런데 이 책을 쓴 혜초 스님은 누구지?"

폴 펠리오는 혜초 스님에 대해 알아보기 시작했어요. 『왕오천축국전』이 알려지면서 폴 펠리오뿐 아니라 수많은 역사학자들이 혜초 스님에 대해 조사했어요. 그리고 7년 후, 혜초 스님이 누군지 드디어 밝혀졌어요. 다카쿠스 준지로라는 일본 역사학자가 혜초 스님에 대해 적은 책을 발견한 거예요.

혜초 스님은 원래 신라 사람으로 불교 공부에 아주 열심이었어요. 그는 불교 공부를 위해 당나라에 갔고, 더 나아가 인도까지 갔지요. 인도는 불교가 탄생한 나라거든요.

혜초 스님은 8년 동안 인도와 페르시아, 티벳을 걸어서 여행했어요. 그리고 여행을 하며 보고 들은 것을 모아 『왕오천축국전』을 쓴 거지요.

혜초 스님은 세계 여행을 한 최초의 우리나라 사람이었어요. 700년대의 인도와 페르시아, 티벳에 대해 쓴 책은 세계에서 『왕오천축국전』 딱 한 권뿐이랍니다.

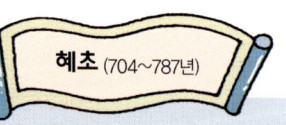
혜초 (704~787년)

혜초는 통일신라 성덕왕 때의 스님이에요. 어려서 중국 당나라에 건너가 인도 스님인 금강지에게 불교를 배웠어요. 혜초는 불교가 탄생한 곳에서 공부를 더 하기 위해 인도로 건너가서 중앙아시아의 여러 작은 나라들까지 두루 둘러보았어요. 이때 쓴 『왕오천축국전』은 마르코 폴로의 『동방견문록』, 오도릭의 『동유기』, 이븐 바투타의 『여행기』와 함께 세계 4대 여행 글로 꼽힌답니다.

왕오천축국전을 아시나요?

전 세계 사람들이 손에 꼽는 4대 여행기는 무엇일까요? 그것은 바로 13세기 후반 마르코 폴로의 『동방견문록』, 14세기 오도릭의 『동유기』와 이븐 바투타의 『여행기』, 그리고 8세기 혜초 스님의 『왕오천축국전』입니다. 『왕오천축국전』은 이중에서도 가장 오래된 여행기이지요.

『왕오천축국전』은 오천축국을 다녀온 이야기라는 뜻이에요. '천축'은 인도를 가리키며, '오천축국'은 당시 인도에 있던 다섯 나라, 동천축 중천축 남천축 서천축 북천축을 말해요. 오천축국 외에도 페르시아, 티벳 등 서역 지방에 대한 이야기까지 담겨 있지요.

『왕오천축국전』은 오늘날 우리에게 8세기경 인도와 중앙아시아의 모습을 전해 주는 특별한 기록이에요. 하지만 이것은 천 년의 세월 동안 묻혀 있다가 1908년 프랑스 탐험가 폴 펠리오, 1909년 중국인 나진옥, 1915년 일본인 다카쿠스 준지로의 노력으로 세상에 알려졌어요. 그리고 폴 펠리오는 이것을 자기 나라인 프랑스로 가져갔어요.

『왕오천축국전』은 세계 역사에서 커다란 가치를 지니는 자랑스러운 우리 문화유산이에요. 하지만 지금은 프랑스 국립도서관에 보관되어 있답니다.

프랑스 국립도서관

귀요미 진짜 안타까운 일입니당~.

귀척왕자 혜초 스님이 이 사실을 알면 매우 슬퍼하실 듯!

달려라 박지성 세계에서 인정받는 우리나라 여행기가 있었다니 놀라워요. 혜초 스님 짱!

예비여행가 나도 크면 꼭 혜초 스님처럼 세계 여행을 떠나고 말 거야.
└ **유랑이** 예비 여행가 님도 멋진 여행기를 쓸 수 있을 거예요. 음, 세계 5대 여행기가 될지도 모르죠.

7 우리나라 보물 904호에 얽힌 사연

1936년, 독일 베를린 올림픽 때였어요.

일본 국기를 단 마라톤 선수가 올림픽 경기장 안으로 들어왔어요. 사람들은 모두 자리에서 일어나서 박수를 보냈지요. 그 선수는 경기장을 한 바퀴 돌아 결승점에 도착했어요. 마라톤에서 금메달을 딴 그 선수의 이름은 손 기테이, 바로 조선의 손기정 선수였답니다. 하지만 올림픽 경기장에 울려 퍼진 목소리는 달랐어요.

"일본의 손 기테이 선수가 금메달을 땄습니다. 마라톤 우승입니다!"

손기정 선수를 일본 사람으로 소개한 거예요. 그때 조선은 일본의 지배를 받고 있었거든요.

일본의 국가가 올림픽 경기장에 울려 퍼졌어요. 손기정 선수는 시상대 위에서 금메달을 목에 걸었지요. 그리고 눈물을 주르륵 흘렸어요.

'내 나라의 국기를 달고 달릴 수 없는 것이 슬프고 분할 뿐이구나.'

시상식이 끝나자 수많은 기자들이 손기정 선수에게 몰려왔어요. 손기정 선수는 용기를 내어 기자들에게 말했어요.

"나는 일본 사람이 아니라 조선 사람입니다. 우리 조선은 지금 일본의 지배를 받고 있습니다. 그래서 나도 이렇게 일본 국기를 달고 달리게 된 것입니다."

손기정 선수의 말에 깜짝 놀란 일본 사람들은 손기정 선수를 강제로 운동장에서 끌어내 버렸어요.

"손 기테이 선수! 당신은 우리 일본 제국 대표로 올림픽에 나온 것이오. 알겠소? 다시 조선 사람이라는 소리를 했다간 아무리 손 기테이 선수라도 용서할 수 없소."

손기정 선수는 경기가 끝나자마자 독일을 떠날 수밖에 없었어요.

"뭐예요? 손 선수가 벌써 떠났다고요?"

다음 날, 손기정 선수를 찾아 독일로 온 그리스 사람들이 깜짝 놀라며 말했어요. 그 사람들은 올림픽 마라톤 우승자에게 줄 그리스 청동 투구를 갖고 온 사람들이었어요.

"이 일을 어쩌죠? 청동 투구를 받을 손기정 선수가 벌써 떠나 버렸으니……."

고민하던 그리스 사람들은 독일 사람들에게 청동 투구를 맡겼어요.

"이번 올림픽은 독일에서 열었소. 그러니 이 투구를 손기정 선수에게 전해 주는 일도 독일이 맡아서 하시오."

하지만 독일 사람들도 청동 투구를 손기정 선수에게 어떻게 전해 주어야 할지 몰랐어요. 그때는 지금처럼 비행기가 발달하지 않았을 뿐 아니라 세계 곳곳에서 전쟁이 일어나고 있었던 때였거든요. 결국 독일 사람들은 청동 투구를 갖고 있기로 했어요.

청동 투구가 손기정 선수에게 전해진 건 그로부터 50년 후의 일이었어요. 우리나라가 일본의 지배에서 벗어난 지 40년이 지났을 때였지요.

일본의 지배를 받았던 때의 아픈 사연을 간직한 그리스 청동 투구는 우리나라 보물 제904호가 되었어요. 우리나라 보물 중 유일하게 유럽에서 만든 물건이지요.

그리스 고대 청동 투구

우리나라의 보물 제904호인 그리스 고대 청동 투구는 1936년 손기정 선수가 베를린 올림픽 마라톤 경기에서 우승한 기념으로 받은 기념품입니다. 기원전 6세기경 그리스의 군인들이 실제로 사용했던 투구지요. 그리스 아테네의 부라딘 신문사가 베를린 올림픽 마라톤 우승자에게 상으로 주려고 했으나 사정상 독일의 박물관에 맡겨졌다가 1986년에야 우리나라로 건너오게 되었답니다.

그리스 고대 청동 투구에 얽힌 기막힌 사연은?

8 처음으로 베트남에 간 조선의 선비

정유재란 때의 일이에요. 조선 사람들은 왜군의 배에 태워져 어디론가 가고 있었어요.

"이놈들아! 우리를 어디로 데려가는 것이냐?"

한 선비가 왜군을 향해 소리쳤어요.

"죽기 싫으면 조용히 있어라! 너희는 이제부터 우리의 노예다."

왜군이 들이민 칼 앞에 선비는 말문이 막히고 말았어요. 스무 살의 그 선비는 진주에서 태어난 조완벽이라는 사람이었어요.

조선 사람들을 가득 실은 배는 왜로 가고 있었어요. 조완벽은 멀어져 가는 고향 땅을 보며 눈물을 흘렸지요.

왜군들은 왜나라에 도착하자마자 조선 사람들

을 나누기 시작했어요. 도자기를 빚는 사람, 글을 읽고 쓸 줄 아는 사람, 농사를 짓는 사람, 젊은 여자 등으로요. 조완벽은 글을 읽고 쓸 줄 아는 사람들 사이에 끼어 있었어요.

"너희는 우리 왜나라 사람들이 다른 나라로 갈 때 함께 가게 될 것이다. 도망치려 하거나 우리의 말을 듣지 않으면 죽여 버릴 것이니 그렇게 알아라!"

중국 글자인 한문은 어느 나라에서든 쓸 수 있었어요. 지금의 영어처럼 말이에요. 그런데 왜나라 사람들 중에는 한문을 아는 사람이 별로 없었어요.

조완벽은 왜나라 상인의 노예가 되었어요. 바다 건너 다른 나라를 오가는 아주 큰 장사를 하는 상인이었지요. 조완벽은 생각했어요.

'어떻게든 살아남자. 언젠가는 고향으로 돌아갈 기회가 올 거야.'

조완벽은 뛰어난 한문 실력으로 왜나라 상인을 도왔어요. 조완벽은 왜나라 상인을 따라 바다 건너 다른 나라들을 둘러보게 되었어요. 그중에서 가장 먼 나라가 바로 안남국, 지금의 베트남이에요.

'세상이 이렇게 넓었단 말인가. 놀랍구나.'

조완벽은 낯선 안남국의 풍경을 넋을 놓고 바라보았어요.

"왜나라 장사꾼과 함께 온 조선 사람이 당신이오?"

안남국의 높은 벼슬아치가 조완벽에게 물었어요. 조완벽은 깜짝 놀라 대답했어요.

"그렇습니다. 제가 조선 사람 조완벽입니다. 그런데 저를 어떻게 아십니까?"

"조선 사람이 왔다기에 꼭 보고 싶었소. 자, 우리 집으로 갑시다. 당신에게 저녁 식사를 대접하고 싶

나도 한류 스타네. 허허허...

소."

조완벽은 안남국 벼슬아치의 집으로 갔어요. 그곳에는 열 명이나 되는 다른 벼슬아치들이 조완벽을 기다리고 있었어요. 왜나라의 노예로 끌려온 자기를 만나기 위해 안남국의 높은 벼슬아치들이 모이다니, 조완벽은 어리둥절하기만 했어요.

"우리 안남국 사람들이 가장 좋아하는 시가 무엇인줄 아시오? 바로 조선 시인 이수광의 시요. 이수광 시인과 같은 나라 사람을 만나다니 무척 기쁘오."

안남국 벼슬아치는 시집 한 권을 조완벽에게 보여 주며 말했어요. 수많은 시인들이 쓴 좋은 시를 모은 시집이었어요. 그런데 첫 장에 담긴 시가 바로 이수광의 시였어요. 조완벽은 너무나 반갑고 기뻐 눈물을 펑펑 흘렸지요.

조완벽은 10년이 흐른 후에야 조선으로 돌아올 수 있었어요. 그리고 고향인 진주에서 늙은 어머니를 모시고 행복하게 살았답니다.

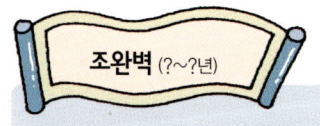

조완벽은 임진왜란 때 일본으로 끌려간 조선의 선비입니다. 1549년(명종 4년) 과거에 급제했지만, 정유재란 때 왜군의 포로가 되어 왜국의 상인들에게 강제로 끌려 다녔습니다. 1604년(선조 37년) 이후 세 차례나 안남국에 가서 진기한 사물을 보고 왔고, 이런 조완벽의 삶을 담은 『조완벽전』은 지금도 전해지고 있답니다.

일찍이 베트남에도 한류 열풍이?

기자 베트남에서는 요즘 조선 시인 이수광 님의 시가 인기라고 하는데요. 베트남 관리 한 분에게 자세한 이야기를 들어 보겠습니다. 안녕하세요?

베트남 관리 안녕하세요?

기자 베트남에서 조선 시인 이수광 님의 시가 유명하다는데 사실인가요?

베트남 관리 그렇습니다. 유명한 정도가 아니라 이수광 님은 베트남 사람들에게 최고의 시인으로 손꼽힙니다.

기자 오, 정말 놀랍습니다. 이수광 님의 시를 어떻게 알게 되셨지요?

베트남 관리 우리 베트남에는 풍극관이라는 시인이 계십니다. 그분이 명나라에 사신으로 자주 가셨는데, 거기서 이수광 님을 만나셨지요. 그때 풍극관 님께서는 세계의 좋은 시들을 모으고 계셨는데, 그중에서도 이수광 님의 시를 최고로 꼽으셨습니다.

기자 아, 그래요? 그걸 어떻게 아셨죠?

베트남 관리 풍극관 님이 모은 시집 중에 이수광 님의 시가 맨 앞에 실려 있었어요. 그래서 우리 베트남 사람들도 '시' 하면 제일 먼저 이수광 님을 떠올린답니다. 기자님, 혹시 이수광 님에 대해서 더 자세히 아시나요?

기자 이수광 님은 조선에 『천주실의』라는 천주교 교리가 담긴 책을 소개해 최초로 서학을 알렸어요. 『지봉유설』이란 책을 지어 서양과 천주교의 지식을 전하기도 했고요. 이 밖에도 다양한 업적을 이룬 이수광 님은 조선 중기의 훌륭한 신하였답니다.

반짝반짝 우리 문화 진기록

5

1 세상에서 가장 큰 비석

"고구려의 드넓은 땅을 돌아보니 가슴이 벅차오르는구려."
장수왕이 드넓은 벌판을 내려다보며 말했어요.
"어디 넓은 땅뿐이겠습니까. 우리 고구려는 주위의 적들을 모두 물리쳤습니다. 중국의 무리들도 우리 고구려의 군대만 보면 두려워 벌벌 떱니다. 우리 고구려야말로 세상에서 가장 강한 나라입니다."
신하의 말에 장수왕은 고개를 끄덕이며 대답했어요.
"그렇소. 이 모든 것을 아버님이신 광개토대왕께서 이루셨소이다."
광개토대왕이 나타나기 전 고구려는 많은 어려움을 겪었어요. 백제의 공격으로 임금님이 죽는가 하면, 북쪽의 오랑캐가 고구려 땅 깊숙이 쳐들어온 적도 있었지요. 광개토대왕은 이렇듯 어려움에 빠진 고구려를 구해 냈을 뿐 아니라 세상에서 가장 강한 나라로 키워 냈어요.
광개토대왕은 임금님이 되자마자 백제로 쳐들어갔어요. 순식간에 열 개의 성을 빼앗더니 이듬해에는 백제 아신왕의 항복을 받아 냈지

높이가 6.39미터

넓이가 2미터

요. 또한 북쪽의 오랑캐를 무찔러 땅을 크게 넓혔고, 수많은 나라들을 고구려의 지배하에 두었어요. 거란과 비려 같은 북쪽 민족들을 비롯해 신라도 고구려에게 재물을 바쳐야 했지요.

고구려 안에는 재물이 넘쳐났고 군대도 그 어느 때보다 강했어요.

"우리 고구려야말로 세상의 중심이지. 아무렴."

고구려의 백성들은 자기들이 세계에서 가장 강한 나라 백성이라는 것을 자랑스러워했어요.

훗날 아버지 광개토대왕에 이어 왕위에 오른 장수왕은 신하들에게 말했어요.

"나는 광개토대왕을 기리는 비석을 세울 것이오. 우리 고구려 백성들은 물론 미래에 우리의 자손들까지도 광개토대왕을 기억할 수 있도록 말이오."

장수왕의 명령을 받은 고구려의 기술자들은 광개토대왕릉비를 만들기 시작했어요. 장수왕은 비석 위에 1,775자의 글자를 새기도록 했어요. 고구려의 역사, 광개토대왕이 이룬 일들을 비석 위에 자세히 새겼답니다.

 광개토대왕릉비는 높이 6.39미터, 넓이 2미터로 세상에서 가장 큰 비석이에요. 광개토대왕릉비의 위대함은 커다란 겉모습에만 있는 것이 아니에요. 그 안에는 고구려 사람들의 드높은 기상과 정신이 담겨 있지요. 고구려 사람들이 세계에서 가장 큰 비석을 세울 수 있었던 건 고구려가 '세상의 중심'이라는 자부심 덕분이었답니다.

광개토대왕릉비

광개토대왕릉비는 고구려의 열아홉 번째 왕인 광개토대왕의 묘비입니다. 원래 이름은 '국강상광개토경평안호태왕릉비'이지만 줄여서 '광개토대왕릉비'라고 부릅니다. 아들인 장수왕이 아버지의 업적을 기리기 위해 414년에 세운 것이지요. 광개토대왕릉비는 높이 6.39미터, 넓이 2미터로 대륙을 호령했던 고구려의 웅대한 기상을 그대로 느낄 수 있는 세계에서 가장 큰 비석입니다.

용감무쌍 광개토대왕을 만나다!

기자 안녕하세요, 광개토대왕님! 역시 소문처럼 기개와 용맹함이 넘치십니다. 얼마 전에도 백제를 정벌하여 고구려 백성들에게 자긍심을 심어 주셨지요! 광개토대왕님은 역시 이름처럼 멋진 왕이십니다!

광개토대왕 하하하! 아버지께서 지어 주신 내 원래 이름은 고담덕이라네. 하지만 나도 가끔 내 성을 '광'으로, 이름을 '개토'로 착각한다니까.

기자 광개토대왕님은 고구려 백성에게 완전 소중한 정말 특별한 임금님이세요. 다른 임금님들은 모두 승하하신 후에 이름이 붙여지고, 살아 있는 동안에는 그저 '임금님'으로 불리잖아요. 그런데 광개토대왕님은 살아 계신 동안에 '광개토'라는 이름을 얻었으니까요.

광개토대왕 선비족을 무찌르고 땅을 크게 넓혔을 때 백성들이 '땅을 크게 넓히다'라는 뜻의 '광개토'라는 이름을 붙여 주었지. 아! 그때의 감격과 기쁨이 다시 떠오르는군. 백성들이 존경의 마음을 담아 직접 이름을 붙여 주었으니, 그저 기쁘고 고마울 뿐이네.

기자 광개토대왕님, 끝으로 백성들에게 한 말씀 부탁 드려요.

광개토대왕 우리 고구려는 크고 강한 나라요. 후대의 자손들도 고구려가 얼마나 위대한 나라인지 길이길이 잊지 않길 바라네. 먼 미래에 중국이 고구려를 자기네 역사라고 우긴다는데, 그건 참 말도 안 되는 소리지. 우리 후손들이 역사에 대해 관심을 갖고 올바르게 이해해서 소중한 우리 민족의 뿌리를 꼭 지켜 주길 바라네.

2. 수백 년 동안 수만 번 되풀이된 이야기

장날이 하루 앞으로 다가왔어요. 장터는 장사를 하려고 몰려온 장사꾼들로 벌써부터 시끌벅적했지요. 장사꾼들은 가져온 물건을 살펴보기도 하고, 주막에서 즐겁게 이야기를 나누느라 시끌벅적했어요. 그런데 한 사람만은 바닥에 쪼그려 앉아 곰곰이 생각에 잠겨 있었어요. 그 사람은 장터에서 이야기를 들려주며 먹고사는 판소리꾼이었지요.

"이몽룡은 춘향이를 남겨 두고 과거를 보러 한양으로 떠난다. 그리고 변 사또가 나타나 춘향이에게……."

판소리꾼은 혼자서 이야기를 만들고 있었어요. 기생의 딸 춘향이와 젊고 잘생긴 양반 이몽룡의 사랑 이야기였어요. 한참 고민하던 판소리꾼은 기분 좋게 너털웃음을 터뜨렸어요.

"하하, 됐어. 이 이야기라면 「심청가」보다 더 인기가 좋을 거야. 암, 그렇고말고."

다음 날, 판소리꾼은 새로 만든 이야기를 머릿속으로 되뇌이며 장터 한복판에 자리를 잡았어요.

판소리꾼은 목청을 가다듬고 이야기를 시작했어요.

"전라도 남원골에 춘향이라는 예쁜 처녀가 살았는디, 춘향 어멈 월매는 남원골의 유명한 기생이었더라. 그러던 어느 날……."

무심코 지나가던 사람들이 하나둘 발걸음을 멈추었어요. 난생처음 듣는 이야기였는데 얼핏 들어도 제법 재미있었던 거예요. 사람들은 호기심 가득한 표정으로 이야기에 귀를 기울였어요.

하인인 방자가 이몽룡을 놀리는 부분에선 웃음이 터져 나왔어요. 몽룡이 춘향이에게 홀딱 반하는 부분에 이르자 사람들이 판소리꾼 주위를 구름 떼처럼 둘러쌌지요.

"허허, 거참. 이렇게 재미있는 이야기는 난생처음 듣네그려. 저 판소리꾼 보통 재주가 아니야."

"그러게 말이야. 웃겼다 울렸다 아주 사람 혼을 쏙 빼놓는구먼."

사람들은 「춘향가」에 홀딱 반하고 말았답니다. 어찌나 인기가 좋은지 이 이야기를 듣기 위해 일부러 장터를 찾아오는 사람도 셀 수 없을 정도로 많았어요.

어디 그뿐이겠어요. 「춘향가」를 듣기 위해 판소리꾼을 집으로 초대하는 양반들도 엄청나게 많았답니다.

「춘향가」는 금세 전국 방방곡곡으로 퍼져나갔어요. 수많은 판소리꾼들이 이 고을, 저 고을을 돌며 「춘향가」를 읊었어요. 판소리꾼들은 저마다 이야기를 조금씩 바꿔 서로 다른 「춘향가」를 들려주곤 했지요.

장터에 나올 수 없었던 양반집의 마님들은 소설로 된 『춘향전』을 읽었어요. 『춘향전』 한 권 없는 양반집이 없을 정도였지요. 판소리꾼마다 이야기가 조금씩 달랐듯이 소설 『춘향전』도 쓰는 사람마다 이야기가 조금씩 달랐어요.

지금도 『춘향전』, 『열녀춘향수절가라』, 『별춘향전』, 『광한루악부』, 『한문춘향전』, 『특별무쌍춘향전』, 『광한루』, 『옥중절대가인』, 『오작교』 등 제목이나 내용이 조금씩 다른 게 수백 편 전해진답니다.

춘향전

『춘향전』은 조선시대에 만들어진 대표적인 판소리 소설입니다. 누가, 언제 만들었는지는 정확히 전해지지 않지만 임진왜란과 병자호란이 지난 후라고 추측된답니다. 『춘향전』은 다양한 성격의 캐릭터와 신분을 초월한 아름다운 사랑 이야기 덕에 서민들 사이에서 아주 큰 인기를 누렸답니다.

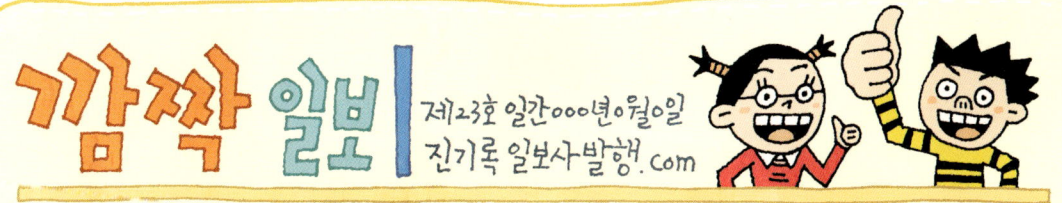

초대형 세책점 〈종로책점〉 오픈!

이야기책에 목말라 있던 한양 사람들에게 새로운 문화 공간이 생겼다. 종로 시전상가에 초대형 세책점 〈종로책점〉이 문을 연 것이다. 우리에게 아직 낯선 세책점에 대해 〈종로책점〉 김길동 점장의 말을 들어 보았다.

"에헴, 세책점이란 돈을 받고 책을 빌려주는 도서 대여점이에요. 책 가격의 10분의 1이라는 저렴한 가격으로 보고 싶은 책을 빌려 보실 수 있지요. 우리 〈종로책점〉에는 최신 유행하는 이야기책이 모두 준비돼 있습니다. 이야기책 『삼국지』, 『수호지』는 물론이고 판소리로 인기몰이를 한 『심청전』, 『흥부전』, 『춘향전』도 책으로 즐기실 수 있지요. 또한 여러 작가들이 우리 〈종로책점〉을 위해 이야기책을 끊임없이 만들어 내고 있답니다. 필사쟁이들은 퇴근도 못 하고 야근을 하며 밤낮으로 책을 베끼고 있지요. 이야기책을 읽고 싶으시면 우리 〈종로책점〉으로 오세요. 엽전 2냥이면 재미있는 이야기책을 마음껏 골라 보실 수 있습니다. 하하. 아참! 책 빌려 가시는 분들! 책에 낙서하지 맙시다! 뒤에 빌리는 분들 생각 좀 하자고요. 아, 그리고 반납일자 꼭 지킵시다! 우리 모두 책을 사랑하는 문화인이라는 거 잊지 말자고요!"

세책점은 조선의 도서 대여점이자 출판사인 셈이다.

오픈 첫날, 수많은 사람들이 〈종로책점〉 앞을 가득 채웠다. 조선을 대표하는 새로운 문화 공간 세책점. 조선 백성들의 독서 열기가 놀랍기만 하다.

3 울산의 바위에 새겨진 고래 그림이 특별한 이유

원시인인 움바와 크렁 형제는 땀을 뻘뻘 흘리며 통나무배를 만들고 있었어요. 움바가 횃불로 통나무를 그을리면 크렁은 돌 긁개로 그을린 부분의 나무를 파냈어요. 불로 그을리는 것이 번거로웠지만 무딘 돌 긁개로 통나무 속을 파내자면 어쩔 수 없었어요.

"빨리 배가 완성됐으면 좋겠다. 이 배를 타고 고래 잡으러 나갈 생각을 하니 벌써부터 몸이 근질거려."

크렁이 싱글벙글 웃으며 말하자 움바도 맞장구를 쳤어요.

"그래, 크렁. 우리가 힘을 합쳐 커다란 검은 고래를 잡으면 부족의 영웅이 될 거야."

움바와 크렁 형제는 한바탕 웃음을 터뜨렸어요. 고래는 온 부족 사람들이 한 달은 먹을 수 있는 맛난 고기, 불을 피울 수 있는 귀한 기름으로 가득한 보물이었어요. 하지만 아직 누구도 고래 사냥을 성공하지 못했지요.

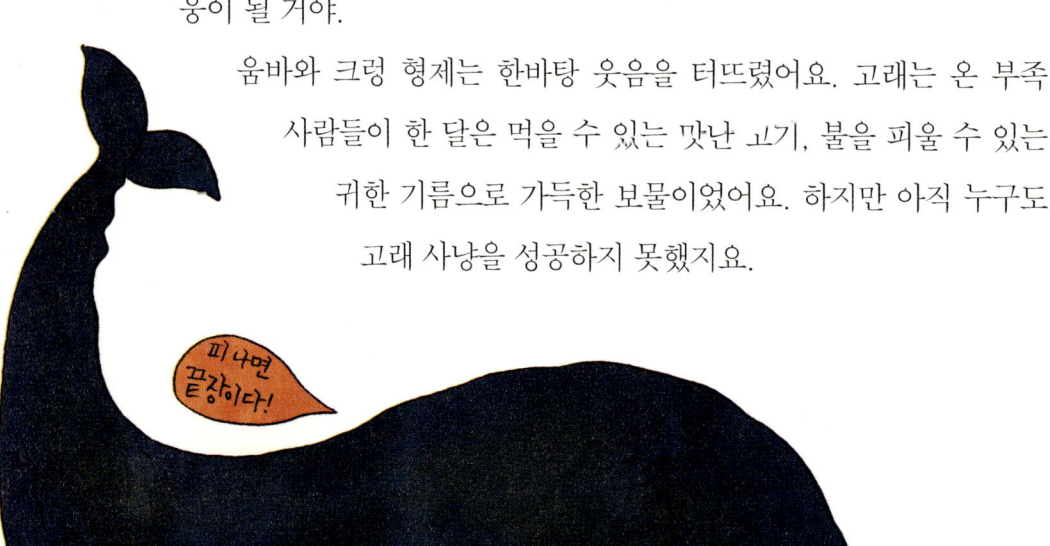

움바와 크렁은 커다란 고래를 잡을 생각에 힘든 줄도 모르고 통나무 속을 파냈어요. 그리고 한 달 만에 드디어 통나무배를 완성했답니다.

움바와 크렁은 하루 종일 바다에 들어가 조개며, 해삼, 전복 따위를 땄어요. 이따금 고래가 나타나지 않을까 먼바다를 바라보면서 말이에요.

그러던 어느 날, 드디어 고래가 나타났어요.

"저기 봐, 크렁, 고래다. 커다랗고 검은 고래야!"

고래가 숨을 쉬기 위해 바다 위로 올라와 있었어요. 움바와 크렁이 마을을 향해 소리쳤어요.

"고래가 나타났다! 커다랗고 검은 고래가 나타났다!"

움바와 크렁은 마을 사람들과 함께 통나무배를 타고 바다로 나아갔어요.

바다 위로 머리를 내민 고래는 푸, 물줄기를 뿜으며 숨을 쉬고 있었지요.

움바는 바다를 향해 몸을 날리며 힘차게 창을 날렸어요. 움바의 창이 고래의 옆구리에 꽂혔어요. 고래는 괴로운 듯 꼬리를 높이 치켜들었지요. 배가 뒤집힐 듯 커다란 파도가 일었어요.

고래는 피를 흘리며 바닷속으로 들어가려고 했어요. 이번엔 크렁이 몸을 날려 창을 던졌지요. 크렁이 던진 창은 고래의 지느러미 위에 꽂혔어요. 바다는 커다란 고래의 피로 붉게 물들었어요.

움바와 크렁은 배에 실어 둔 줄로 고래를 묶으려 했어요. 하지만 고래는 쉽게 항복하지 않았어요. 창에 찔려 피를 흘렸지만 이 커다란 바다 동물은 결코 쉽게 이길 수 있는 상대가 아니었던 거예요.

움바와 크렁은 그 후로도 세 시간 동안이나 고래와 싸웠답니다. 그리고 결국 피를 많이 흘린 고래는 죽고 말았지요.

움바와 크렁은 고래를 묶은 배를 타고 마을로 돌아왔어요. 마을 사람들은 너무나 기뻐 덩실덩실 춤을 추었어요. 결코 잡을 수 없을 것 같던 고래를 사냥한 날이니 어찌 기쁘지 않겠어요.

움바와 크렁은 마을의 영웅이 되었어요. 마을 사람들은 고래를 잡은 두 젊은 용사의 모습을 바위벽에 그려 넣었답니다. 그 그림이 바로 세계 최초의 고래 그림인 울산 대곡리 반구대 암각화예요.

울산 대곡리 반구대 암각화

울산 대곡리의 반구대 암각화는 선사시대에 만들어진 암각화로 국보 제285로 지정되었어요. 신석기 시대 사람들이 그린 그림부터 청동기시대 사람이 그린 그림까지 오랜 세월 동안 여러 사람이 거듭해서 그린 그림이지요. 길이 8미터, 높이 3미터에 이르는 넓고 평평한 절벽에 육지와 바다의 여러 동물들을 사냥하는 그림들이 새겨져 있어요. 이것은 선사시대 사람들의 모습을 엿볼 수 있는 소중한 유산이랍니다.

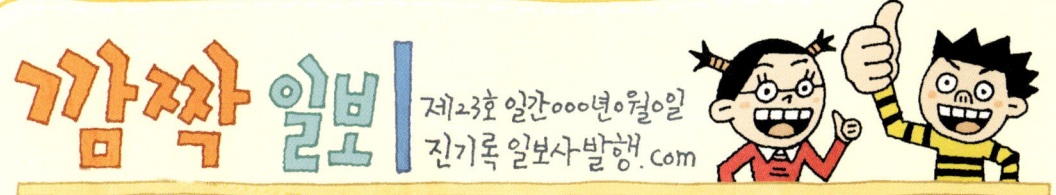

원시시대의 예술 울산 대곡리 반구대 암각화

울산 대곡리 반구대 암각화를 본뜬 것

울산 대곡리 반구대 암각화는 울산광역시 울주군 언양읍 대곡리 산 234-1에 있는 우리나라 국보 제285호의 문화유산이다. 반구대란 이름은 절벽이 있는 산등성의 바위 모습이 마치 앉아 있는 거북같이 생겼다고 해서 붙여졌다. 울산 대곡리 반구대 암각화는 우리나라 선사시대 바위 그림 연구에 특별한 계기를 만들어 준 소중한 유적이다.

울산 대곡리 반구대 암각화에는 고래잡이 외에도 다양한 선사시대의 모습들이 새겨져 있다. 멧돼지, 곰, 토끼를 사냥하는 사람의 모습, 새끼를 밴 짐승의 모습 등이 새겨져 있는데, 이는 짐승들이 새끼를 많이 나아 사냥감이 많아지기를 바라는 마음, 사냥이 잘되기를 바라는 마음을 담은 것이다.

또한 벌거벗고 춤을 추는 남자의 모습도 있다. 역사학자들에 의하면 그것은 선사시대 사람들이 신에게 제사를 지내는 모습일 거라고 한다.

4 아시아 최고의 석기 기술이 묻혀 있는 곳

"아시아엔 주먹도끼가 없어요. 석기를 쓰던 옛날에 아시아는 유럽과 아프리카에 비해 기술이 형편없이 떨어졌거든요. 아시아 사람들은 돌을 깨서 쓸 뿐, 돌을 다듬을 줄은 몰랐지요."

미국의 모비우스 박사는 유럽과 아프리카의 석기 문화가 아시아보다 훨씬 뛰어나다고 주장했어요. 아시아의 학자들은 아무 말도 하지 못했답니다. 왜냐하면 아시아에선 주먹도끼가 발견된 적이 없었거든요.

주먹도끼는 돌을 깨서 쓰던 도구 중에 가장 뛰어난 것이었어요. 돌을 정교하게 때려서 날을 세우고 손잡이는 잡기 좋게 둥글게 깎은 것이지요.

"아시아의 원시인들은 유럽과 아프리카의 원시인들보다 정말로 뒤떨어졌던 것일까?"

아시아의 학자들은 실망스레 중얼거렸어요. 오랜 세월 동안 모비우스 박사의 주장은 사실로 여겨졌답니다.

그러던 어느 날이었어요. 그렉 보웬이라는 미국 군인이 경기도 연천군 전곡리에서 우연히 이상한 모양의 돌 네 개를 주운 거예요.

"이것 봐. 모양이 좀 특이하지 않아?"

그렉 보웬은 동료들에게 자기가 주운 돌을 보여 주었어요.

"뭐가 특이해? 그냥 깨진 돌 같은데."

"아니야. 아무래도 평범한 돌 같지는 않아."

그렉 보웬은 혹시나 하는 마음에 돌을 주운 곳으로 다시 가 보았어요. 자세히 살펴보니 그렉 보웬이 주운 것과 비슷한 돌들이 무수히 많았어요.

"이건 원시인들이 쓰던 도구일 것 같아."

평소 역사에 관심이 많았던 그렉 보웬은 그 돌이 구석기 유물일 거라고 생각했어요. 그렉 보웬은 틈날 때마다 그 돌을 주운 곳에 가서 조사를 했어요. 발견한 곳에 지도를 그리고 사진을 찍었지요.

원시인들의 석기에 관한 책을 살펴보던 그렉 보웬은 놀라운 사실을 발견했어요. 자기가 발견한 돌이 아시아에서는 한 번도 발견된 적이 없는 주먹도끼와 똑같은 모양이었던 거예요.

"내가 엄청난 발견을 한 게 아닐까? 제대로 알아봐야겠어."

그렉 보웬은 그동안 자기가 모은 자료들을 정리해 세계적인 역사 전문가인 프랑스 교수에게 보냈어요.

그 프랑스 교수는 우리나라 대학의 고고학과에 이 기록을 보냈어요. 유물과 유적을 통해서 옛날 사람들의 생활과 문화 등을 연구하는 이 학과에서는 곧바로 전곡리를 샅샅이 조사하기 시작했어요. 그리고 그곳에서 수많은 주먹도끼들을 찾게 되었어요.

전곡리의 구석기 유적은 국가 사적 제268호로 지정되었어요. 이때가 1979년이었답니다. 비로소 그동안 모비우스의 주장이 틀렸다는 것이 세상에 공개된 것이지요.

그 후로 오랜 세월이 흘렀어요. 아직도 아시아의 다른 나라에서는 주먹도끼가 발견되지 않고 있어요. 우리나라 전곡리의 주먹도끼는 아시아에서 단 하나뿐인 소중한 보물이랍니다.

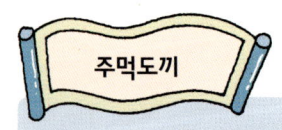

주먹도끼

주먹도끼는 전기 구석기시대의 대표적인 뗀석기입니다. 뗀석기란 자연의 돌에 힘이나 충격을 주어서 형태를 다듬어 만든 도구예요. 모양과 만드는 방법은 다양해요. 그중에서도 몸통이 두툼한 몸돌을 여러 면에서 깨뜨려 끝을 뾰족하고 날카롭게 만들고 다른 한쪽은 손으로 쥘 수 있게 다듬은 모습이 보통이었답니다.

깜짝 일기 ○월 ○일 ○요일

구석기시대 꼬마 발명가의 석기 만들기

"우돌아, 아빠가 돌아올 때까지 엄마 열매 따는 거 도와드려라. 알았지?"

아빠가 사냥을 나가시며 말씀하셨다. 나는 예, 하고 넙죽 대답했지만 천만에 말씀. 나는 요즘 진짜 바쁘다. 사냥에도 쓸 수 있고, 고기를 손질할 때도 쓸 수 있는 도구를 개발하고 있기 때문이다.

왜 어른들은 돌을 그냥 깨서 쓸까? 잘만 만들면 아주 편리하게 쓸 수 있을 텐데 말이다. 나는 그런 생각을 하며 열심히 석기를 만들었다.

그리고 해 질 무렵 드디어 나는 내가 생각했던 바로 그 석기를 완성했다.

"세상에나! 우돌아, 네가 이걸 만들었단 말이냐?"

사냥에서 돌아오신 아빠가 깜짝 놀라며 말씀하셨다.

"네, 아빠. 보세요. 사냥을 하실 땐 이렇게 잡고 동물을 찍으면 돼요. 그리고 고기를 자르실 땐 날카로운 부분을 쓰면 되고요. 멋지죠?"

"그래, 넌 정말 대단하구나. 사냥하기가 정말 좋아지겠어. 이런 걸 좀 더 만들어 줄 수 있겠니? 부족 남자들에게 나눠 주면 좋겠구나. 족장님께 말씀 드려야겠다."

아빠는 내가 만든 도끼를 족장님께 보여 드렸고, 나는 칭찬을 받았다. 정말 하늘을 날아갈 것 같은 기분이었다.

슴베찌르개

뗀석기의 종류와 쓰임새

주먹도끼 주먹에 쥐고 쓰며, 짐승을 잡거나 털과 가죽을 분리할 때 사용함.

긁개 둥글넓적한 모양으로, 날을 세워 짐승을 사냥하거나 나무를 찍어 낼 때 사용함.

밀개 긁개보다 좀 더 길고 가는 돌조각을 이용하여 만든 것으로, 끝부분에 좌우대칭으로 날이 있어서 나무껍질을 벗기는 데 효과적임.

슴베찌르개 돌조각의 양쪽을 다듬어서 끝부분을 뾰족하게 만든 것으로, 자루를 달아 창 같은 무기로 사용함.

5 세계에서 가장 오래된 우리의 인쇄 유물

옛날에는 책을 종이 위에 직접 써서 만들었어요. 그래서 작가가 책을 다 썼을 땐 책이 딱 한 권뿐이었지요.
"책 좀 빌려 주게. 베껴 쓰고 돌려주겠네."
사람들은 작가에게 책을 빌려 베껴 적었어요.
책은 이렇게 손에서 손을 거쳐 퍼져 나갔어요. 이렇게 손으로 직접 쓰는 방법은 오랫동안 계속되었답니다.

그러던 중 사람들은 '인쇄'라는 것을 발명하게 되었어요. 인쇄는 나무나 금속에 글자를 새긴 후 먹물 따위를 묻혀 종이 위에 찍어 내는 기술이에요. 인쇄의 장점은 한꺼번에 여러 권을 만들 수 있나

는 거예요. 인쇄를 하게 되면 책을 일일이 베껴 적을 필요 없이 원하는 만큼 만들 수 있어 편리했지요.

언제부터 인쇄술이 생겨났는지 시기는 정확히 알 수 없어요. 하지만 옛날 사람들이 만든 인쇄물을 보면 대략 언제쯤인지 추측할 수 있지요.

세계에서 가장 오래된 인쇄물은 바로 우리나라의 『무구정광대다라니경』이랍니다. 나무 판 위에 글자를 새겨 찍은 인쇄물인 『무구정광대다라니경』은 1966년 10월 13일, 석가탑을 고치기 위해 공사를 하던 중에 발견되었어요. 이것은 넓이 8센티미터, 전체 길이 620센티미터인 종이 위에 불교의 가르침이 빼곡히 적혀 있었지요. 세계의 여러 나라 사람들은 『무구정광대다라니경』을 보고 감탄했어요.

"지금까지 발견된 인쇄물 중에 가장 오래된 인쇄물입니다. 한국의 놀라운 역사와 문화 앞에 절로 고개가 숙여집니다."

"한국은 아시아 동쪽에 있는 작은 나라지만 문화는 세계 최고예요."

『무구정광대다라니경』은 700년대 초에서 751년 사이에 만들어진 것으로 추측돼요.

하지만 이게 다가 아니랍니다. 금속으로 만든 가장 오래된 인쇄물도 우리나라 것이거든요. 그건 바로 1377년에 만들어진 『직지심체요절』이에요.

『직지심체요절』에도 불교의 가르침이 들어 있어요.

세계에서 가장 오래된 인쇄물이다.

사람이 마음을 바르게 가졌을 때 그 심성이 곧 부처님의 마음임을 깨닫게 된다는 내용을 담고 있답니다.

서양에서는 1460년에 구텐베르크라는 독일 사람이 처음으로 금속활자를 만들었어요. 『직지심체요절』과 비교하면 80년이나 뒤에 만들어진 거예요.

『직지심체요절』은 원래 두 권짜리 책인데 지금은 한 권밖에 남아 있지 않아요. 그런데 그 한 권마저 안타깝게도 우리나라에 없어요. 『직지심체요절』은 프랑스 국립도서관에 있답니다.

여기서 흥미로운 사실 하나 더. 『직지심체요절』을 가져간 사람은 여러분도 아는 사람이에요. 리진을 프랑스로 데려갔던 그 남자, 콜랭 드 플랑시랍니다.

『무구정광대다라니경』과 『직지심체요절』

『무구정광대다라니경』은 세계에서 가장 오래된 목판 인쇄물로, 통일신라시대인 751년 즈음에 만들어졌다고 추측돼요. 불국사 석가탑을 고치던 중 그 안에서 우연히 발견된 『무구정광대다라니경』은 국보 제126호로 지정되었으며, 현재 국립중앙박물관에 보관되어 있어요. 또한 세계에서 가장 오래된 금속활자 인쇄물인 『직지심체요절』은 고려시대인 1377년에 펴낸 불교 서적으로, 1800년대 말 콜랭 드 플랑시 주한 프랑스 공사가 프랑스로 가져가 현재 프랑스 국립책도서관에 보관되어 있답니다.

우리나라 문화재가 왜 다른 나라에?

오늘 엄마, 아빠와 함께 역사박물관에 갔다가 깜짝 놀랄 만한 사실을 알게 됐다. 세계 최초의 활자물이 모두 우리나라 것이라는 거! 우리 조상님들은 역시 대단하다. 하지만 기쁨도 잠시! 나는 더 깜짝 놀랄 사실을 박물관 선생님께 들었다.

"세계에서 가장 오래된 금속 활자본인 『직지심체요절』은 안타깝게도 우리나라에 없어요. 우리나라가 힘이 없을 때 프랑스 사람들이 가져가 버렸거든요."

게다가 『직지심체요절』만 빼앗긴 게 아니었다. 다른 나라에 빼앗긴 문화재가 지금까지 알려진 것만 6만 개! 세상에 어떻게 이런 일이 있을 수 있지?

"모두 우리나라의 문화재잖아요. 지금 당장 찾아와야죠!"

"선생님도 그러고 싶어요. 하지만 쉬운 일이 아니랍니다. 문화재 중에는 강제로 빼앗긴 것도 있지만 헐값에 팔아 버린 것도 있거든요. 헐값에 팔아 버린 문화재를 되찾아오려면 어마어마한 돈이 필요해요. 그나마도 다른 나라가 팔지 않겠다고 하면 살 수도 없는 입장이랍니다."

아, 정말 슬프다. 자랑스러운 우리 문화재들을 되찾을 방법이 없을까? 하루 빨리 그런 날이 왔으면 좋겠다.

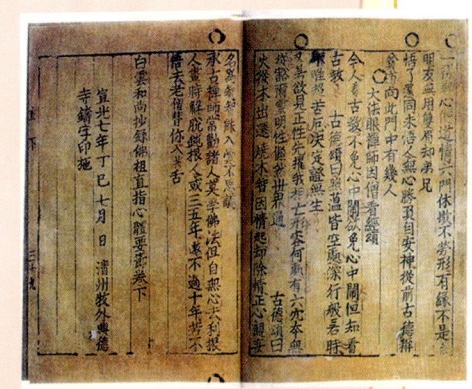

직지심체요절

 **나라사랑** 『왕오천축국전』도 프랑스에 있다더니 『직지심체요절』까지?

　└ **달려라 숫돌이** 우리나라의 힘을 키워 되찾아 옵시다!

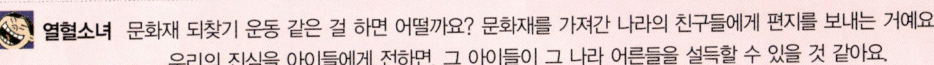 **열혈소녀** 문화재 되찾기 운동 같은 걸 하면 어떨까요? 문화재를 가져간 나라의 친구들에게 편지를 보내는 거예요. 우리의 진심을 아이들에게 전하면, 그 아이들이 그 나라 어른들을 설득할 수 있을 것 같아요.

6 보일러보다 따뜻한 친환경 온돌의 비밀

"신발을 벗고 들어가야 합니까?"

언더우드 부인은 깜짝 놀란 표정으로 물었어요.

언더우드 부인의 나라인 미국에서는 집 안에서도 신발을 신고 다니거든요. 언더우드 부인은 신발을 벗고 방에 들어간다는 건 상상조차 해 본 적이 없었어요. 궁녀는 빙그레 웃으며 대답했지요.

"방에 들어가시려면 당연히 신발을 벗어야지요."

언더우드 부인은 신발을 벗고 방 안으로 들어가다가 그만 비명을 지를 뻔했어요. 바닥이 뜨거웠기 때문이에요.

'조선의 집은 정말로 희한하구나. 신발을 벗고 앉아서 생활을 하고, 침대도 없고, 방바닥은 뜨겁고…….'

언더우드 부인은 고개를 갸웃거리며 생각했어요.

언더우드 부인은 기독교를 전하러 조선에 온 선교사이자 의사였어요. 명성황후의 건강을 돌봐 주기 위해 조선 궁궐로 들어온 거예요.

명성황후는 조선의 스물여섯 번째 왕인 고종의 아내예요.

"부인, 어디가 불편하신가요?"

명성황후가 언더우드 부인을 보며 말했어요.

"아닙니다, 황후마마. 그저 우리 서양과는 집의 모양이 많이 달라 낯설어 그렇습니다."

"그래요? 서양의 집은 어떻게 생겼지요?"

언더우드 부인은 명성황후에게 서양의 집 구조를 설명해 주었어요. 서양의 집은 집 안에 불을 피우는 벽난로가 있고, 침대에 누울 때만 신발을 벗는다고 했지요.

"집 안에서 신발을 신고 다니면 흙먼지가 많겠군요."

"그래서 집 안으로 들어올 때는 먼지를 꼭 털고 들어온답니다."

"신발에 묻은 먼지가 턴다고 다 떨어질 것 같진 않은데요. 그리고 집 안에서 불을 피우면 연기가 가득 차지 않나요?"

언더우드 부인은 선뜻 대답하지 못했어요. 언더우드 부인은 조선을 은근히 무시했어요. 서양이 훨씬 뛰어나다고 생각했지요. 그런데 명성황후의 말을 듣고 보니 서양 집에 여러 가지 문제

점이 있었던 거예요. 언더우드 부인은 기어 들어가는 목소리로 대답했어요.

"벽난로 위로 연기가 빠져나가는 굴뚝이 있답니다. 그리고 창문을 자주 열어 연기를 빼고요."

"이런이런, 추운 겨울에 창문을 열면 땔감이 배로 들겠네요."

온돌은 고조선 때부터 써 온 우리나라만의 문화랍니다. 온돌은 집 밖에서 불을 때어 따뜻한 공기와 물을 방바닥으로 흘러 들어가게 하는 방법이에요. 그러다 보니 집 안에 연기나 먼지가 찰 일이 없지요. 그리고 불 가까이만 따뜻한 벽난로와 달리 온돌은 집 안 전체를 골고루 따뜻하게 만들어 준답니다.

온돌의 우수함이 알려지면서 요즘은 서양에서도 온돌을 쓰는 아파트가 하나둘 늘어나고 있어요.

세상에서 단 하나뿐인 우리나라의 온돌. 자랑스러운 우리 민족의 문화랍니다.

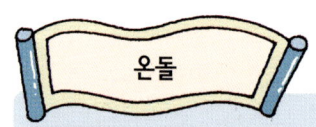
온돌

온돌은 기원전 5천 년경의 신석기 유적에서도 볼 수 있으며, 4세기경의 황해도 고구려 고분 벽화에도 그려져 있습니다. 온돌이 방으로 만들어진 통구들의 형태는 고려 말부터 나타나기 시작했지요. 『조선왕조실록』에는 태종 17년(1417)에 성균관의 유생들 중 병을 앓는 이들을 위해 온돌방 하나를 만들도록 한 기록이 있습니다. 16세기와 17세기를 거치면서 온돌은 점점 많이 보급되었으며, 조선 후기에는 보통 서민들의 초가집에도 온돌이 널리 사용되었습니다.

우리 한옥을 소개합니다

7 거북선만큼 위력적인 최초의 로켓 무기

어느 날, 세종대왕이 신하를 불러 말했어요.

"우리나라의 무기들을 보고 싶으니 한자리에 모아 놔 주시오."

세종대왕은 그동안 많은 일을 했어요. 오랑캐와 왜구를 무찔렀고, 농사 기술과 과학 기술을 크게 발전시켰으며, 한글을 만들었지요. 세종대왕이 다스리는 동안 조선은 튼튼한 부자 나라가 되었어요. 하지만 세종대왕은 아직도 할 일이 많다고 생각했어요. 그중에 하나가 바로 좋은 무기를 만드는 것이었어요.

'강력한 무기는 외부로부터 우리나라를 지켜 줄 수 있어. 적은 군사로 큰 군대를 막을 수 있을 뿐 아니라, 한번 만들어 놓으면 두고두고 쓸 수 있지. 후손들을 위해서라도 좋은 무기를 만들어 둘 필요가 있어.'

세종대왕은 한곳에 모아 놓은 무기들을 둘러보았어요. 그중에서 가장 눈에 띈 것은 '주화'라는 화약 무기였어요. 세종대왕은 무기를 만드는 기술자에게 물었어요.

"주화는 모양새가 특이하구나. 어떻게 쓰는 무기냐?"

"고려 말의 신하 최무선이 만든 무기로 화약을 넣어 쏠 수 있는 화살입니다. 적군 한복판에 떨어져 폭발하지요."

"오호, 그래? 한번 쏘아 보거라."

무기 기술자는 화차에 주화를 넣더니 심지에 불을 붙였어요. 그러자 화약통이 달린 화살이 불꽃을 내뿜으며 날아가는 게 아니겠어요? 세종대왕이 감탄하며 말했어요.

"놀랍다. 활로 쏘는 화살보다 몇 배는 더 멀리, 힘차게 날아가는구나."

"예, 그렇습니다. 하지만 이 주화에는 문제점이 있습니다."

"문제점? 그게 무엇이냐?"

"사람이 직접 겨누는 화살은 원하는 곳을 정확히 맞출 수가 있습니다. 그런데 주화는 화약을 사용하다 보니 화살보다 표적을 맞추는 게 정확하지 않습니다."

세종대왕은 잠시 생각하더니 무기 기술자에게 말했어요.

"문제점이 있으면 고쳐야지. 자네는 앞으로 주화의 문제점을 고치는 데 온 힘을 다하라."

"알겠습니다, 임금님."

그날 이후로 세종대왕은 무기 기술자와 함께 주화의 단점을 고칠 방법을 고민하곤 했어요. 그리고 얼마 후 드디어 새로운 무기를 만들어 냈지요. 신기전이라는 무기였어요.

신기전은 화살의 꼬리를 길게 만들어 주화보다 정확하게 날아갈 수 있었어요. 또한 100여 발을 한꺼번에 쏠 수 있었지요.

"무기 기술자는 신기전을 여러 대 만들도록 하라. 그리고 신기전 만드는 방법을 자세히 그려서 보관하도록 하라."

세계 최초의 100연발 로켓 무기 신기전은 조선의 가장 대표적인 무기가 되었어요. 특히 임진왜란 때 왜군은 거북선과 함께 신기전을 가장 무서워했답니다.

신기전

신기전은 조선 세종 때 만들어진 세계 최초의 로켓 추진 화살입니다. 신기전은 고려시대의 화약 발명가인 최무선이 만든 주화를 더욱 발전시켜 만들었답니다. 신기전은 여러 종류가 있는데, 크기와 모양에 따라 대신기전, 산화신기전, 중신기전, 소신기전으로 나뉩니다. 신기전은 임진왜란 때 거북선과 함께 가장 큰 활약을 한 무기였답니다.

신기전의 위력을 보라

　병기도감에서 극비리에 개발해 온 신무기 신기전이 드디어 모습을 드러냈다. 신기전은 화약의 힘을 이용한 최첨단 다연발 로켓 무기이다. 신기전의 위력은 상상을 초월한다.

　1451년에 화차를 제작한 후, 한 번에 100발씩 연이어 신기전 화살을 발사할 수 있다. 특히 대신기전의 경우는 무려 1킬로미터 이상을 날아간 후 목표 지점에서 폭발을 일으킨다. 먼 거리의 적을 공격하는 데 이보다 뛰어난 무기는 없을 것이다.

　신기전 시험 발사를 지켜보신 세종대왕님께서도 무척 만족해하셨다.

신기전을 발사하는 화차 신기전기

　"우리 병기도감의 관리들이 참으로 수고가 많았소. 그대들이 신기전을 성공적으로 개발해 준 덕분에 우리 조선은 더욱 안전하고 강한 나라가 되었소. 그대들은 앞으로도 좋은 무기를 많이 만들어 조선을 더욱 강하고 살기 좋은 나라로 만들기 바라오."

　이번에 개발된 신기전은 먼저 의주성을 시작으로 조선의 중요한 성들에 설치될 계획이라고 한다.

8 서양보다 먼저 날았던 우리 비행기의 정체

"장군님, 왜군이 성 가까이로 몰려오고 있습니다."
"그게 무슨 소리냐? 왜군이 어떻게 벌써 여기까지 왔단 말이냐?"
진주성을 지키고 있던 김시민 장군은 깜짝 놀라 소리쳤어요.
"왜군의 총 때문입니다. 왜군이 총을 마구 쏘는 바람에 우리나라 병사들은 제대로 싸워 보지도 못하고 도망쳐 버렸다고 합니다."
"큰일이다. 빨리 정평구를 불러오라."
정평구는 화약 무기를 만드는 사람이었어요. 손재주가 좋고 똑똑해 무슨 무기든 뚝딱뚝딱 잘 만들었지요. 김시민 장군이 정평구에게 물었어요.
"내일이면 왜군이 도착할 것일세. 왜군의 총에 맞설 만한 무기가 있어야 하네. 무슨 좋은 방법이 없겠는가?"
정평구는 잠시 생각하더니 대답했어요.
"우리가 갖고 있는 화약 무기를 잘 쓰면 왜군을 무찌를 수 있을 것입니다."
김시민 장군은 고개를 갸웃거리며 말했어요.
"화약 무기를 아무리 멀리 던져 본들 총을 쏘는 왜군들에게 닿지 못할걸세."

"저에게 좋은 방법이 있습니다. 소가죽과 튼튼한 나무를 구해 주십시오."

정평구는 김시민 장군이 구해디 준 소가죽과 튼튼한 나무를 갖고 창고 안으로 들어갔어요. 그리고 다음 날 아침이 되어서야 창고에서 나왔지요. 정평구는 새로 만든 무기를 김시민 장군에게 보여 주었어요.

"아니, 이게 무엇인가? 이게 정말 무기인가?"

김시민 장군은 깜짝 놀랐어요. 정평구가 만든 것은 커다란 기러기처럼 생긴 물건이었던 거예요.

"이것은 비거입니다. 제가 비거를 타고 하늘로 올라가 왜군을 공격할 것입니다."

"이게 참말로 하늘을 난단 말인가?"

김시민 장군은 믿을 수 없다는 표정으로 말했어요.

"그렇습니다."

진주성 앞에는 2만 명이나 되는 왜군이 도착해 있었어요. 왜군들은 여유가 넘쳤어요. 훨씬 큰 성들도 손쉽게 무너뜨렸으니 크기가 작은 진주성은 단박에 집어삼킬 수 있을 거라고 생각했던 거예요.

왜군들이 공격 준비를 막 끝냈을 때였어요. 갑자기 집채만 한 새 한 마리가 날아오르는 게 아니겠어요.

왜군들은 깜짝 놀라 소리쳤어요.

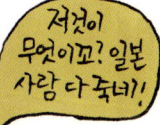

"세상에! 조선엔 저렇게 큰 새도 있나?"

"이럴 수가! 새 위에 사람이 타고 있어!"

정평구가 탄 비거가 진주성 하늘 위로 높이 날아오른 거였어요. 정평구는 주머니 가득 담아 온 폭탄을 넋이 빠진 왜군들의 머리 위에 마구 뿌렸어요. 여기저기서 불길이 치솟았어요. 진주성의 군사들도 왜군을 향해 화살을 마구 쏘아 댔지요. 갑작스러운 공격에 깜짝 놀란 왜군들은 뿔뿔이 흩어졌어요.

정평구는 비거를 타고 많은 공을 세웠어요. 진주성 안으로 먹을거리를 실어 나르고, 사람들을 실어서 성 밖으로 나갈 수 있도록 해 주었지요. 왜군들은 정평구가 만든 비거 때문에 진주성을 제대로 공격할 수 없었어요.

정평구가 만든 비거는 세계 최초의 비행기, 세계 최초의 전투기였답니다.

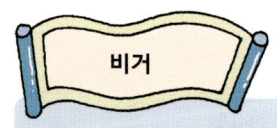
비거

조선시대 때 하늘을 날았던 기구인 비거는 비차라고도 불리웁니다. 임진왜란 당시 진주성이 왜군에 포위되자 정평구가 만들어 활용한 비행기예요. 정평구가 비거를 타고 성으로 들어가 성주를 구했다는 이야기도 있고, 비거를 타고 가서 구원병을 요청했다는 이야기도 있어요. 그런데 형태와 구조가 전해지지 않아 세계에서 공식적인 기록으로 인정받지는 못했답니다.

라이트 형제보다 더 빨랐던 정평구

기자 정말 대단합니다. 역사책에 구체적인 기록이 남지 않아 세계 기네스북에는 오르지 못했지만, 1903년 동력 비행기를 조종한 라이트 형제보다 무려 300년이나 앞서 비행기를 만드신 거잖아요. 하늘을 나는 비거를 만들게 된 계기가 있었나요?

정평구 저는 어려서부터 과학에 관심이 많았습니다. 낮은 관리로 일하면서 이런저런 발명품을 연구하곤 했지요. 하지만 아무도 알아주지 않았어요. 당시 조선에서는 과학을 중요하게 여기지 않았거든요. 그러니 저처럼 낮은 벼슬아치가 발명품을 만든다 한들 누가 칭찬 한마디 해 주겠습니까? 그러다 임진년에 왜군이 조선을 쳐들어오는 일이 벌어졌지요. 일본의 신식 무기 조총 앞에 조선 군사들은 맥없이 쓰러졌어요. 그때 제 발명품 비거가 큰 활약을 했답니다.

기자 비거의 활약에 대해 좀 더 자세히 말씀해 주시겠습니까?

정평구 비거로 공기를 만들어 내서 타면 대략 30~50여 리를 날 수 있었어요. 진주성이 왜군의 공격을 받았을 때, 비거를 타고 날아 식량을 나르고 하늘에서 폭탄을 던져 우리 백성들을 구출해 냈지요.

기자 정말 훌륭하십니다! 아무도 알아주지 않아도 언젠가는 쓰일 수 있도록 묵묵히 자기 할 일을 하다니! 정평구 님의 그 열정이 조선의 역사를 더욱 빛낸 것이군요!